www.ingramcontent.com/pod-product-compliance
Lightning Source LLC
LaVergne TN
LVHW010611070526
838199LV00063BA/5142

علامہ اقبال کی فکر و نظر

(مضامین)

مرتبہ:

اعجاز عبید

© Taemeer Publications LLC

Allama Iqbal ki Fikr-o-Nazr *(Essays)*

by: Aijaz Ubaid

Edition: August '2024

Publisher :

Taemeer Publications LLC (Michigan, USA / Hyderabad, India)

ISBN 978-93-5872-470-7

مرتب یا ناشر کی پیشگی اجازت کے بغیر اس کتاب کا کوئی بھی حصہ کسی بھی شکل میں بشمول ویب سائٹ پر اَپ لوڈنگ کے لیے استعمال نہ کیا جائے۔ نیز اس کتاب پر کسی بھی قسم کے تنازع کو نمٹانے کا اختیار صرف حیدرآباد (تلنگانہ) کی عدلیہ کو ہو گا۔

© تعمیر پبلی کیشنز

کتاب	:	**علامہ اقبال کی فکر و نظر** (مضامین)
مرتب	:	**اعجاز عبید**
صنف	:	غیر افسانوی نثر
ناشر	:	تعمیر پبلی کیشنز (حیدرآباد، انڈیا)
سالِ اشاعت	:	۲۰۲۴ء
صفحات	:	۶۸
سرورق ڈیزائن	:	تعمیر ویب ڈیزائن

فہرست

(۱) اقبال عظیم شاعر اور مشرق کا ترجمان 6

(۲) وطنیت حب الوطنی اور اقبال 12

(۳) اقبال کے کلام میں قرآنی فکر 22

(۴) اقبال کے نظامِ فکر میں قرآن پاک کا عنصر 27

(۵) نئی صدی میں شاعر مشرق کی معنویت 33

(۶) اقبال کا تصور شاہین 40

(۷) پیام اقبال 50

(۸) کلامِ اقبال میں منظر نگاری 56

اقبال عظیم شاعر اور مشرق کا ترجمان
ڈاکٹر محمد نسیم الدین ندوی

کشمیر کی دھرتی صوفیائے کرام کی آماجگاہ رہی ہے۔ بڑی تعداد میں صوفیائے کرام اس دھرتی پر تشریف لائے اور اسلام کا ابدی پیغام سنایا۔ یہی وجہ ہے کہ مسلم دورِ حکومت میں کشمیر کا راجہ تو ہندو رہا لیکن بیشتر کشمیری پنڈتوں نے اسلام قبول کر لیا اور اس جنت نشاں دھرتی پر اسلام کے عقیدت مندوں کی تعداد بڑھ گئی اور آج بھی اکثریت میں ہیں۔

سر ڈاکٹر محمد اقبال کا آبائی وطن یہی وادیِ رشک باغ جناں ہے۔ اقبال کے آباء و اجداد کشمیر سے جا کر لاہور کے سیالکوٹ میں بس گئے تھے، اقبال 9 نومبر 1873 کو سیالکوٹ میں پیدا ہوئے تھے۔ اقبال کے آباء و اجداد سپرو گوت کے برہمن تھے، اقبال کے والد نور محمد نے ان کو اردو فارسی عربی اور انگریزی کی تعلیم دلائی، اقبال ابھی اسکول میں پڑھتے ہی تھے کہ ان کے اصلی جوہر چمکنے لگے اور انہوں نے شاعری کی طرف توجہ کی، اقبال کو مولانا روم ؒ کے اشعار نہایت پسند تھے۔ انہوں نے مولانا روم ؒ کو روحانی استاد مان لیا تھا اور داغ دہلوی کو اپنا کلام اصلاح کے لئے دکھاتے تھے، ان کے کلام کی اصلاح کر کے داغ دہلوی ان کی حوصلہ افزائی کرتے تھے، جب لاہور سرکاری کالج میں داخل ہوئے تو وہاں ان کی ملاقات ایک انگریز پروفیسر سے ہوئی جس نے ان کے اندرونی جوہر کو پہچانا

اور نکھارنے کا عزم کیا۔

لاہور میں بڑی تعداد میں مشاعرے ہوتے تھے جس میں اس زمانے کے مشہور شعراء اپنا کلام سناتے تھے، اقبال بھی ان محفلوں میں جاتے اور اپنا کلام سناتے۔ جب اقبال کی عمر بائیس سال کی تھی، تو لاہور کے ایک مشاعرے میں انہوں نے ایک غزل پڑھی اس مشاعرے میں اپنے زمانے کے مایہ ناز شاعر مرزا ارشد گڑگانی بھی موجود تھے۔ جو چوٹی کے شعراء میں شمار ہوتے تھے، جب اقبال نے یہ شعر پڑھا ع

موتی سمجھ کے شانِ کریمی نے چن لئے
قطرے جو تھے میرے عرقِ انفعال کے

تو مرزا ارشد تڑپ اٹھے اور کہنے لگے اس عمر میں یہ شعر!!

اقبال نے یوروپ کی دانشگاہوں میں تعلیم حاصل کی تھی وہ زمانہ یوروپ کے عروج کا تھا اور مسلمان اور ان کی تہذیب زوال پذیر ہو رہی تھی، خود ہندوستان میں شاندار مغلیہ حکومت کا سورج غروب ہو چکا تھا، انگریز پورے طور پر حاوی ہو چکے تھے، اہل اسلام کی تہذیب ختم ہو رہی تھی، اور یورپ کی تہذیب ترقی کے منازل طے کرتی جا رہی تھی۔ اقبال نے اپنے اظہارِ درد و غم کے لئے فارسی زبان کا انتخاب کیا اور فارسی زبان میں ان کا اعلیٰ درجے کا کلام منظر عام پر آیا، ان کا خیال تھا کہ پوری دنیا تک اپنی بات پہچانے کے لئے فارسی زبان زیادہ مؤثر ہے۔ اور زبان کے ذریعہ زیادہ سے زیادہ لوگوں تک پہنچا جا سکتا ہے۔ "اسرارِ خودی"، "رموزِ بے خودی" 1914, 1915 میں اور پیام مشرق 1923 میں منظر عام پر آئیں، یہ تینوں کتابیں فارسی زبان میں ہیں، اور مشکل ترین ہیں۔ اقبال نے ان تینوں کتابوں میں جو فلسفہ پیش کیا ہے۔ وہ بہت کارگر اور مؤثر ہونے کے ساتھ ساتھ وے دانت، فلسفہ یونان، فلسفہ اسلام کے آئینہ میں انسانی زندگی اور اس کائنات کے

راز ہائے سربستہ اور قوموں کے عروج و زوال کی گتھی کو سلجھانے کی ناکام کوشش ہے۔ اقبال جو تاریخ سے ناواقف تھے اس لئے وہ مسلمانوں کے زوال پر سدا کف دست ملتے تھے، جب کہ تاریخ شاہد ہے کہ اس دنیا کا اقتدار اور ضمام حکومت کسی قوم کو مذہب کی بنیاد پر نہیں بلکہ عمل اور یقین محکم کی بنیاد پر ملا کرتی ہے، جب مسلمان کردار کے غازی تھے تو اس دنیا کے اقتدار ان کے قدموں میں تھا، اور جب وہ عمل سے عاری ہوتے گئے تو ان کی کامیابی و کامرانی کی دیوی روٹھ گئی اور یورپ کے لئے اپنی بانہیں وا کر دی۔

اقبال کی غزلیہ شاعری

اقبال جب اپنی غزلیہ شاعری میں حقیقت کو مجاز سے ملا دیتے ہیں، اور کبھی حقیقی بول کر مجاز مراد لیتے ہیں تو کبھی مجاز بول کر حقیقت مراد لیتے ہیں تو ایسی حسین غزل عالم وجود میں آتی کہ پھر اس کا جواب ممکن نہیں ہوتا۔

طور پر تو نے جو اے دیدۂ موسیٰ دیکھا
وہی کچھ قیس سے دیکھا پس محمل ہو کر
مری ہستی جو تھی میری نظر کا پردہ ہے
اٹھ گیا بزم سے میں پردہ محفل ہو کر
عین ہستی ہوا ہستی کا فنا ہو جانا
حق دکھایا مجھے اس نقطہ نے باطل ہو کر
خلق معقول ہے محسوس ہے خالق اے دل
دیکھ ناداں ذرا آپ سے غافل ہو کر

اقبال کی نظموں میں حب الوطنی کا جذبہ اپنے تمام احساسات و جذبات کے ساتھ موجزن ہے۔ ہمالہ، صدائے درد، تصویر درد، آفتاب، ترانہ ہندی، نیا شوالہ، اقبال کی

وطن پرستی کی بہترین نظمیں ہیں۔

کب زباں کھولیں ہماری لذت گفتار نے

پھونک ڈالا جب چمن کو آتش پیکار نے

لیکن اقبال کی شاعری کی بدقسمتی اس وقت سے شروع ہوتی ہے جب اقبال نے ہندی وطنیت کو خیر آباد کہہ کر اس کے بجائے اسلامی تعلیم کی تبلیغ شروع کر دی، یعنی مسلمانوں کی قومیت کی بنیاد وطن نہیں بلکہ مذہب ہے،

نرالہ سارے جہاں سے اس کو عرب کو معمار نے بنایا

بنا ہمارا ہی سارے ملت کی اتحاد وطن نہیں ہے

مایہ ناز اسلامی اسکالر حضرت مولانا حسین احمد مدنی سے اقبال کی اس سلسلے میں ایک لمبی بحث چلی چونکہ مولانا حسین احمد مدنی تقسیم ہند کے مخالف تھے اس لئے ہر اس چیز کی مخالفت کرتے تھے جو تقسیم ہند کی راہ ہموار کرے۔ چونکہ علامہ اقبال نے تقسیم کی طرف مسلمانوں کو مائل کرنا شروع کر دیا تھا، اس لئے مولانا حسین احمد مدنی نے اقبال کو آگاہ کرتے ہوئے کہا کہ تقسیم وطن کے بھیانک نتائج بر آمد ہوتے۔ آج دنیا نے دیکھ لیا کہ مولانا حسین احمد مدنی حق پر تھے، اقبال باطل پر تھے، اس وقت مولانا حسین احمد مدنی نے اقبال کو یہ بات سمجھائی تھی، کہ آنحضرت صلی اللہ علیہ وسلم کے نزدیک قومیت کی بنیاد مذہب پر نہیں ہے بلکہ وطنیت پر ہے۔ انہوں نے مثال پیش کی تھی کہ جب آنحضرت صلی اللہ علیہ وسلم کو تبلیغ کے دوران طائف کے لوگوں نے لہو لہان کر دیا تھا تو حضرت جبرئیل امین آئے تھے اور عرض کیا تھا کہ اگر حکم ہو تو دونوں پہاڑوں کو ملا دوں اور یہ قوم سدا کے لئے ختم ہو جائے، آپ ﷺ نے فرمایا تھا کہ یہ میری قوم لے لوگ ہیں مجھے پہچانتے نہیں، یہاں آپ صلی اللہ علیہ وسلم نے اپنی قوم مذہب کی بنیاد پر نہیں بلکہ وطن

کی بنیاد پر کہا ہے، ورنہ اس وقت تک اہل طائف نے اسلام قبول نہیں کیا تھا،(یاد رہے کہ تاریخ کا ایک واقعہ یہ ہے کہ فاتح سندھ محمد بن قاسم ثقفی طائف کے ہی رہنے والے تھے) لیکن اقبال بضد رہے اور مسلم لیگ کے 1930 کے الہ آباد اجلاس میں جس کی اقبال نے صدارت کی تھی نظریہ پاکستان پیش کیا اور مسلم لیگ کے دو قومی نظریہ کی حمایت کر دی۔ اگرچہ ان کی زندگی میں پاکستان نہیں بن سکا اور ان کا انتقال غیر منقسم ہندوستان میں ہوا تھا، بعد میں یہ بات ثابت ہو گئی کہ قومیت مذہب کی بنیاد پر نہیں ہو سکتی، اور پاکستان کا ایک حصہ بنگلہ دیش جو مشرقی پاکستان کہلاتا تھا مذہب کی بنیاد پر متحد نہیں رہ سکا۔

جب اقبال نے مذہب کی تبلیغ کو اپنا شعار بنالیا تو ان کی شاعری فنی و جذباتی اعتبار سے کمزور پڑ گئی، یقیناً اقبال بڑے نہیں بہت بڑے شاعر ہوتے اگر پیغمبر بننے کی کوشش نہ کرتے تھے، عالمی شاعری میں ان کا بہت بلند مقام ہوتا، پھر بھی اقبال انیسویں صدی کے سب سے بڑے شاعر قرار پاتے ہیں۔

اقبال نعت رسول کے بڑے عظیم اور مفکر شاعر ہیں، ان کی نعت گوئی میں حسان بن ثابت کی والہانہ اندازِ شاعری کی جھلک نظر آتی ہے ایک طویل نعت کے دو شعر پیش ہیں، اس نعت کا انداز غزلیہ ہے۔

سراپہ حسن بن جاتا ہے جس پر حسن کا عاشق
بھلا اے دل ایسا بھی ہے کوئی حسینوں میں
پھڑک اٹھا تھا کوئی تیری آدائے ما عرفنا پر
ترا رتبہ رہا بڑھ چڑھ سب ناز آفرینوں میں

اقبال کو آنحضرت ﷺ سے والہانہ و جذباتی لگاؤ تھا، صحابہ کرام کی عظمت و رفعت سے بے حد متاثر تھے، بد حال مسلمانوں کی حالت زار سے پریشان ہو کر دربارِ

خداوندی میں شکایت کر دی کہ ہم نے تیرے پیغام کو عام کرنے میں جو خدمت انجام دی ہے وہ بے لوث تھی، نہ حکومت نہ دولت نہ ثروت، یہ ہمارے چاہت کے مطمح نظر نہیں تھے۔

اقبال نے بچوں کے لئے بہت کچھ لکھا ہے انہوں نے بچوں کے لئے جو نظمیں رقم کی ہیں ان کا اندازِ بیان نہایت سادہ الفاظ آسان و عام فہم ہیں، اس کے باوجود لفظیات کے آسان ہونے کے باوجود کہیں بھی بات گرنے نہیں پاتی۔ اقبال اپنی صدی کے سب سے بڑی شاعر ہونے کے ساتھ ساتھ عظیم مفکر ہیں، انہوں نے مشرق و مغرب کے میخانوں سے جام نوش کیا تھا، تہذیب و مذاہب کا مطالعہ کیا تھا، اسلام کے عظیم اسکالر تھے، لیکن یہاں مورخ کا قلم تھرا جاتا ہے کہ ایسا دانش ور اور عظیم اسلام کی اسکالر نے ہندوستان کی دھرتی پر دو قومی نظریئے کو کیسے پیش کر دیا جس کی بنیاد پر آگے چل کر 1947 وہ المیہ پیش آیا جس کی وجہ سے ہندوستان کا جو نقصان ہوا وہ یقیناً نا قابل تلافی ہے، لیکن مسلمانوں کا جو نقصان ہوا وہ تاریخ میں کبھی بھلایا نہیں جا سکتا۔

***

وطنیت حب الوطنی اور اقبال
ڈاکٹر محمد شجاعت علی

بعض الفاظ مجرد ہوتے ہیں۔ اور اس وجہ سے ان کے معنی کا تعین بہت دشوار ہوتا ہے۔ ایسا ہی ایک لفظ "محبت" ہے۔ عربی کے اس لفظ کا مادہ حب ہے۔ اور اس کے معنی ہیں چاہنا۔ یہ چاہت خواہش کے معنی میں نہیں ہے۔ بلکہ وابستگی کے معنی میں ہے۔ یہیں سے یہ بحث بھی شروع ہو جاتی ہے۔ کہ کسی بھی شئے سے محبت کا تقاضا کیا ہے؟ اگر کوئی شخصیت ہو تو شاید محبت کے تقاضوں کا تعین بھی ہو سکے لیکن اگر اتفاق سے وہ بھی مجرد تصور ہو تو پھر بے حد مشکل پیدا ہو گی۔ وطن بھی مجرد تصور ہے۔ اور اس طرح حب الوطنی محض تصورات کا کام رہ جاتا ہے۔

لیکن اس مشکل کا ایک ہی حل ہے. جسے محبت کہا جاتا ہے۔ اس کا تعین اس کے مظاہر سے ہو گا۔ مثلاً چھوٹے پھول سے بچے کو دیکھ کر پیار آتا ہے۔ اس پیار کا اظہار اسے گود میں لے کر اسے بوسے دے کر اور اس کے ساتھ کھیل کر کیا جاتا ہے۔ یہ سارا اعمال در اصل اس جذبے کے مظہر ہیں۔ جسے محبت کہا جاتا ہے۔ یا اپنی رہائش گاہ سے محبت ہے تو اس کا اظہار شادیوں ہو کہ لان میں پانی دیا جا رہا ہے۔ ٹیرس کی صفائی کی جا رہی ہے۔ "جھاڑ" فانوس لگائے جا رہے ہیں۔ فرنیچر سے کمروں اور ڈرائنگ روم کو سجایا سنوارا جا رہا ہے۔ اسی طرح ہر شئے کے ساتھ محبت کا تصور بدلتا رہتا ہے۔

یہ اعتراض کیا جاسکتا ہے کہ یہ جو مظاہر ہیں وہ اگر مختلف ہو سکتے ہیں تو پھر کیا ضروری ہے کہ اسے محبت ہی سمجھا جائے ؟ اکثر تو یہ بھی ہوا ہے کہ انتہائے محبت میں یہ خواہش پیدا ہوتی ہے کہ محبوبہ ہماری ہی زبان بولے ہماری ہی معاشرہ اختیار کرے۔ ظاہر ہے کہ یہ تصور درست نہیں ہے۔ محبت کے معنی ہیں جس سے محبت کی جائے اس کی خوشی اس کی بلندی اور اس کی بہتری کے بارے میں سوچا جائے۔

یہاں صرف یہ عرض کرنا ہے کہ وطن کا تصور بہت سارے اجزاء سے مل کر تیار ہوتا ہے۔ پہلی شرط یہ ہے کہ ایک خطہ ارض ہو جسے ہم واحدہ کہہ سکیں۔ اس واحدے کا ایک انتظامیہ ہو اس واحدے کے لوگ ارنسٹ رینان کے لفظوں میں اپنے مشترکہ دکھ سکھ کی تاریخ کا تسلسل رکھتے ہوں۔ اور ہر نسل نے اپنے سے پہلی نسل کی وراثت قبول کی ہو۔

وطن کے سلسلے کا یہ تصور سیاسی دانشوروں اور سماجیات کے ماہرین کی ملی جلی رائے کا نچوڑ ہے۔ اس میں سب سے اہم پہلو ہے وہ باطنی احساس جو کسی فرد یا افراد کو کسی ایک خطہ ارض سے وابستہ رکھتا ہے اور یہ وابستگی جیسے ہی ختم ہوتی ہے ویسے ہی اس شخص کا اس ملک یا وطن سے جذباتی تعلق ختم ہو جاتا ہے۔ اس کی ہزار ہا مثالیں ہیں۔ اشارتاً یہ کہا جا سکتا ہے کہ وہ سارے لوگ جو ترک وطن کرتے ہیں۔ یا ایک جگہ سے دوسری جگہ جا کر بس جاتے ہیں۔ دراصل ان کی ایک علاقے سے وابستگی ختم ہو جاتی ہے۔ کسی علاقے سے وابستگی کا ختم ہونا دو بنیادوں پر منحصر ہے۔

(i) یا تو اس علاقے کے لوگ اسے نکال رہے ہوں۔ (ii) یا پھر اس نے مفادات کی خاطر اپنے بہتر مفاد کے لئے کسی دوسری جگہ کا انتخاب کیا ہو۔ اس مختصر سی وضاحت کے ساتھ اب حب الوطنی کی اصطلاح زیادہ واضح ہو جاتی ہے۔ یعنی حب الوطنی سے مراد ہے

کسی ایک علاقے سے وابستگی کی بناء پر اس کے ارتقاء کی خواہش اور اس ارتقاء کی راہ کی رکاوٹوں کو دور کرنے کی جدوجہد۔

راقم الحروف نے ان ہی کی بنیاد پر اپنے خیال کی قبا حب اور وطن کے تصور کو پہنانے کی کوشش کی ہے۔

وطن سے مراد ہندوستان ہے۔ جس کے شمال میں ہمالیہ ہے اور جس کے دونوں طرف بحر ہند اور بحر عرب۔ اس علاقے کے دریا۔ پہاڑ چشمے۔ جھرنے۔ باغ چمن زار کا جہاں کبھی کسی شاعر نے تذکرہ کیا وہ اسی وطن کی محبت میں کیا ہے۔ محبت کا ایک یہ انداز یہ بھی ہوتا ہے کہ جس سے محبت کی جاتی ہے اس کے ہر رخ کا تذکرہ توصیف و تحسین کے ساتھ کیا جاتا ہے۔ حب الوطنی کا ایک رخ یہ بھی ہے۔ اس موقع پر ضمناً یہ عرض کرنے کو جی چاہتا ہے کہ "رودکی" نے کچھ اس انداز سے بخارا کی نہروں کا ذکر کیا تھا کہ گھوڑے پر بیٹھ کر وطن کے لئے روانہ ہو گیا تھا۔ یہ چیزیں اور شاعر کے یہاں بھی ملتی ہیں۔ کیوں کہ شاعر اپنے وطن کی اس تمام اشیاء سے محبت رکھتا ہے جو عام حالات میں غیر اہم سمجھی جاتی ہیں۔

اس سلسلے میں ہندوستان کے ساتھ یہ خصوصیت رہی کہ تقریباً ڈیڑھ سو برس اس پر سات سمندر پار سے آئے ہوئے لوگوں کا اقتدار رہا۔ اس اقتدار کا نقطہ آغاز جہانگیر کے عہد میں حاصل کردہ وہ مداعات تھیں جس کی وجہ سے سورت آگرہ اجمیر احمد آباد مسولی پٹم اور کلکتہ میں انگریزوں کی تجارتی کوٹھیاں قائم ہو چکی تھیں۔ پھر 1615ء میں جب پرتگالیوں اور انگریزوں کے درمیان سمندری لڑائی ہوئی تو اس میں انگریزوں کو غلبہ حاصل ہوا۔ اور یہی ہندوستان پر انگریزوں کے اقتدار کا نقطہ آغاز تھا۔ اور پھر انہوں نے اپنی سازشوں کے پیر پھیلائے۔ جہانگیر کے دربار تک رسائی حاصل کی۔ جنوب کے

مشرقی ساحل پر قلعہ کیا جو بعد میں مدراس کے نام سے موسوم ہوا۔ سمندری راستوں پر ان کی بالا دستی نے مغل سلطنت کو پریشان کر رکھا تھا یہاں تک کہ 1619ء میں شاہی جہاز کو انگریزوں نے لوٹ لیا تھا یہ دور اورنگ زیب کا تھا۔ اورنگ زیب نے کمپنی کی درخواست پر ان کو معافی بھی عطا کی تھی۔ لیکن اورنگ زیب کے انتقال کے بعد انگریزوں نے اس ملک کی سیاسی زندگی میں دخل دینا شروع کیا۔ اور پھر 1764ء میں جنگ بکسر میں فتح یاب ہونے کے بعد انگریزوں نے شاہ عالم سے معاہدہ کر کے دیوانی فرمان حاصل کیا جس کے تحت بنگال۔ بہار اور اڑیسہ کے مالی معاملات یہاں تک دیوانی مقدمات کے فیصلے انگریزوں کے اختیار میں آ گئے۔ رفتہ رفتہ انگریزوں کا اقتدار یہاں تک بڑھا کہ دلی دربار کے فیصلے بھی انگریزوں کی مرضی کے مطابق ہونے لگے۔ ظاہر ہے کہ یہ بات یہاں کے عوام کے لئے ناپسندیدہ تھی اس لئے اندر ہی اندر انگریزوں کے خلاف نفرت کی ایک لہر پیدا ہوئی۔ جس کا انجام پہلی جنگ آزادی کے طوفان کی صورت میں نمودار ہوا۔ اس دور سے لے کر آزادی کے حصول میں پیدا کی جانے والی رکاوٹوں کو دور کرنے کی خواہش یہ سب حب الوطنی کے مظاہر تھے۔ اسی لیے انہیں نظر انداز نہیں کیا جاسکتا تھا۔ چناں چہ چاہئے سودیشی تحریک ہو یا جلیان والا باغ پر لکھی گئی تنظیمیں ہوں یا ہند و مسلم اتحاد یہ سب حب الوطنی کے مظاہر ہی تو ہیں۔ ادب میں تسلسل ناگزیر حیثیت رکھتا ہے۔ کوئی تصور یا خیال اچانک وجود میں آ جاتا۔ حب الوطنی کی جو روایت 1857ء سے 1947ء تک بنی اور جس روایت کے مختلف مظاہر سامنے آئے اس کی داغ بیل بہت پہلے پڑ چکی تھی۔ دراصل وہ تمام لوگ جو اردو کو بدیسی زبان کہتے ہیں اب سب کو یہ جاننا چاہیے کہ اردو کا کردار یادگار حیثیت رکھتا ہے۔ اس لئے کہ اس "ویدیشی زبان" کی سرشت اور خمیر میں حب الوطنی موجود تھی۔ فارسی میں مقامی الفاظ کی آمیزش سے ریختہ تیار کرنے

والے امیر خسرو سے لے کر دکن کے محمد قلی قطب شاہ اور شمالی ہند کے شعرائے متاخرین تک سب کے یہاں اگر بت پرستی ہے تو یہ بت وطن کی محبت کا بت ہے اس لئے پس منظر کے طور پر اردو کی قدیم تاریخ کو نظر انداز کرنا ممکن نہ تھا۔

جب الوطنی اور جار خانہ وطن پرستی دو متضاد تصورات ہیں۔ کم از کم راقم نے ان دونوں میں ہمیشہ تضاد محسوس کیا۔ اپنے گھر سے محبت کرنے والا دوسرے کا گھر اجاڑ دے تو پھر وہ اپنے گھر سے محبت نہیں رکھتا۔ ذاتی طور پر میرا یہی یہی ایمان ہے۔ خواہ ہندوستان کی تاریخ ہو یا عالمی تاریخ ہر جگہ ان بادشاہوں کا تذکرہ ملتا ہے جو دوسرے ملکوں میں داخل ہوئے تو بستیاں اجاڑ کر رکھ دیں۔ اور یہ عمل ہمیشہ اور ہر دور میں مطعون سمجھا گیا۔ کیوں کہ جس کے پاس بستی کے تصور سے محبت نہ ہو گی وہ اپنی اور غیر کی بستی میں کوئی فرق محسوس نہیں کر سکتا اس کا کام تو اجاڑنا ہی ہے جسے جار حانہ وطن پرستی کہا جاتا ہے۔ در اصل وہ بین الاقوامی غنڈہ گردی تھی۔ (یا ہے) انسان کی وحشیانہ اور بربریت سے پھرپور جبلت جس کی بنیاد صرف نفرت پر ہوتی ہے۔ محبت پر نہیں ہوتی۔ دوسروں کو غلام بنا کر تسکین حاصل کرتی ہے اس لئے وطنیت کے جس تصور کی اقبال نے مخالفت کی تھی۔ اس تصور کی مخالفت ہر با فہم انسان کو کرنی چاہئے۔ لیکن وطنیت کا وہ تصور در اصل فسطائیت ہی ایک شکل ہے۔

"حب وطن کے معنی تو وہی ہیں جو انگریزی میں Patriotism کے ہیں۔ یعنی اپنے ملک کی خوش حالی آزادی اور حقوق کے لئے سرگرم رہنا اور اس کی حفاظت و حصول کے لیے جدوجہد کرنا۔ اس میں ضمنی سوالات بہت سے اٹھتے ہیں کہ خود ہمارا تصور حب وطن کیا ہے ؟ کس حد تک اور کن حدود کے اندر ہمارے جذبہ وطن پرستی کو چلنا چاہئے ؟ ایک منزل ایسی آتی ہے جب وطنیت بین الاقوامیت اور انسان دوستی سے ٹکراتی نظر آتی

ہے۔ ان حالات میں کیا کرنا چاہئے ؟ یہ تفصیل طلب مباحث ہیں۔ زمانہ حال میں بہت سی بحثیں چلی آ رہی ہیں۔ اقبال بعد میں وطنیت کے جذبے کے مخالف نظر آنے لگے تھے۔ لیکن رسول اکرم کی حدیث واضح ہے۔ " حب الوطنی من الایمان " کوئی چیز جو داخل ایمان ہو وہ دین فطرت میں آفافیت اور انسان دوستی کے منافی نہیں وسکتی۔ اگر حب وطن کو ان ہی حدود میں رکھا جائے کہ وطن کی فلاح و بہبود ترقی و آزادی اور حقوق انسانی کی حفاظت کے حصول کی سر گرمی سے کوشش کی جائے اور اس حفاظت کو شعار واصل کر دار بنایا جائے تو کوئی قباحت نہیں ہوتی لیکن اگر حدود وطن میں توسیع کے لیے یا ملک گیری کی ہوس میں یا تجارتی اور اقتصادی مقاصد کے حصول کے لیے جارخانہ رویہ اختیار کیا جائے اور دوسروں کے وطن حدود میں مداخلت کی جائے یا ان کی تجارتی ناکہ بندی کی جائے یا ان پر سیاسی طور سے ناجائز دباؤ ڈال کر یا نسل کشی وغیرہ کے غلط احساسات کے ما تحت ان کی آزادی اور ان کے حقوق پر حملہ کیا جائے تو یہ سامراجی اور نو آبادیاتی رویہ بین الاقوامیت کے صالح اصول اور انسان دوستی کے مبارک مقاصد سے ٹکراتا ہے اور یہ جارحیت مزید جارحیت کو جگہ دیتی ہے اور جنگ و جدل کا ذریعہ بن کر امن عالم کے لیے خطرہ بن جاتی ہے۔ اس کے سدباب کے لیے ادارہ اقوام متحدہ وغیرہ کا قیام عمل میں آیا ہے۔ لیکن ابھی تک عالمی اقدار کی حفاظت کا انتظام نہیں ہو پایا ہے۔ پھر بھی دنیا وحدت انسانی کی طرف بڑھ رہی ہے۔ اور جب یہ جذبہ اچھی طرح دلوں میں گھر کر کے لے گا تو صالح وطن پرستی ایک جذبہ پائدار بن جائے گی۔

جب وطن کے مظاہرے بھی کئی طرح سے ہوئے ہیں۔ جب تک انگریزی سامراج ہندوستان میں تھا تو اس سے لڑنا ہی جب وطن تھا۔ اس میں مختلف خیالات کے لوگوں نے حصہ لیا اور اس عمومی مقصد کے حصول کے لیے اپنے اپنے طریقے پر کام کیا۔

اس میں فرقہ پرست بھی تھے۔ جو اپنے فرقہ کے مفاد کی خاطر ملکی مفاد کو نقصان بھی پہنچا سکتے تھے۔ اور بعض عناصر نے پہنچایا بھی۔ ان میں سوشلسٹ اور کمیونسٹ بھی تھے لیکن ان کا جذبہ حب وطن طبقاتی مفاد کو بھی نگاہوں میں رکھے ہوئے تھا۔ کچھ ایسے عناصر بھی تھے اور ہر دور میں رہے ہیں۔ جنہوں نے ذاتی مفادات کے لیے غداری کرنے سے بھی گریز نہیں کیا۔ یہ سچے وطن دوست نہیں تھے کیوں نہ سچا وطن دوست وہی ہے جو ہر طبقے۔ ہر نسل۔ ہر فرقے۔ ہر خطے۔ ہر لسانی گروہ اور جغرافیائی گروہ کی ترقی و آزادی و حقوق کے لیے شاں ہو۔ اگر وہ چھوٹے چھوٹے خانوں میں سوچتا رہے گا تو ملک میں عدم استحکام۔ بے اطمینانی اور عدم تحفظ پیدا ہو گا۔

علی جواد زیدی کے الفاظ میں آپ یہ سوال بھی اٹھا سکتے ہیں کہ عزائم کی تکمیل کے لیے کیا اقدامات حب الوطنی پر محمول کیے جائیں گے ؟ اگر عمل کا محرک " خالص " حب وطن ہے تو اسے حب وطن کہا جائے گا۔ مثلاً انگریز دشمنی اگر اس لیے ہو کہ انگریزی سامراج ملک کی آزادی کی دشمن اور حقوق انسانی کی دشمن ہے تو ٹھیک ہے۔ لیکن اس کا رخ انگریزی حکومت کی طرف ہونا چاہیئے۔ عام انگریز جس کو نہ حکومت سے مطلب ہے نہ حکمرانوں سے اس کو نشانہ بنانا حب وطن نہیں ہے کیوں کہ اس سے ملک و قوم کی شخصیت کا چہرہ مسخ ہوتا ہے اور پھر فسطائی تصورات جنم لیتے ہیں۔

قرآن حکیم میں ارشاد ہوا " ہم نے تم کو ٹھہرایا زمین میں اور تمہارے لیے زندگی و معیشت کے اسباب و ذرائع زمین میں پیدا کیے۔ اسی زمین میں سے تم کو پیدا کیا ہے۔ اسی میں تم کو دوبارہ لوٹائیں گے۔ اور اسی سے دوسری بار تم کو نکالیں گے۔ " (سورہ اعراف ع 1 سورہ طٰہٰ ع 11)

عرب کا مقابلہ تھا " ارض الرجل فرہ ودارہ ومھدہ " یعنی انسان کا ملک اس کی مرضعہ

(دودھ پلانے والی ماں) ہے اس کا گھر ہے۔ اور مرنے کے بعد اس کا گھوارا ہے۔ سرور کائنات محمد مصطفی ﷺ کا آبائی وطن مکہ معظمہ تھا لیکن ہجرت کے بعد جب مدینہ طیبہ کو وطن قرار دیا تو مدینہ کے لیے آپ کی دعا ہوا کرتی تھی کہ "اے اللہ ہمارے پھلوں میں برکت عطا فرما۔ ہمارے مدینہ میں برکت عطا فرما۔ ہمارے پیمانوں اور وزنوں میں برکت عطا فرما۔ خداوندا ہمارے اندر مدینے کی محبت اتنی ہی پیدا کر دے جتنی تو نے مکہ کی محبت دی ہے۔" اس دعائیں مبارک سے وطن قدیم اور وطن جدید کی محبت اور پھر اس کی اقتصادی ترقی۔ آب وہوا کی اصلاح کے جذبات صاف واضح ہو رہے ہیں۔

سرور کائنات محمد مصطفےٰ ﷺ کا آبائی وطن مکہ معظمہ تھا۔ لیکن کلمہ کی سربلندی اور دین کی فلاح و بہبود کے لیے حب ترک وطن کرنا پڑا تو آپ نے مکہ سے اپنے قلبی انس کا اظہار ہمیشہ کیا۔

"اے مکہ تو خدا کا مقدس شہر ہے تو مجھے کس قدر محبوب ہے ! اے کاش تیرے باشندے مجھے نکلنے پر مجبور نہ کرتے تو میں تجھ کو نہ چھوڑتا۔"

اس سے آپ کے حب وطن کے جذبات کا اظہار ہوتا ہے۔

اسلام چوں کہ ایک آفاقی ضابطہ حیات ہے اس لیے اس کا کوئی بھی جزو انسان دوستی کے مغائر نہیں ہو سکتا۔ اسلام میں عقائد کو یقیناً اہمیت حاصل ہے۔ لیکن وطن کو کبھی نظر انداز نہیں کیا گیا۔ اور نہ ہی مذہب نے حب الوطنی کو نیچا دکھانے کی کوشش کی۔ اسلامی فقہ کے ماہرین واقف ہیں کہ عقائد وطن پرستی پر کبھی حاوی نہ ہو سکے اور اسلام نے حب الوطنی کے جذبات کو کبھی ٹھیس نہیں پہنچائی اور نہ ہی کلچر یا ثقافت کو متاثر کیا۔ جس کا ثبوت ہمیں آج بھی مل جاتا ہے کہ دنیا کے مختلف خطوں میں مسلمان آبادی ہیں ان کی قومیت جدا۔ ان کے لباس مختلف۔ ان کا رہن سہن علاحدہ۔ ان کے رسوم و رواج منفرد

ہیں عقائد کے اعتبار سے یہ سب مسلمان ہیں۔ لیکن زندگی کے باقی تمام معاملات میں اپنی انفرادیت کو متاثر نہیں ہونے دیتے۔ کیوں کہ مذہب نے اس بات سے کبھی منع نہیں کیا کہ وہ اپنا پسندیدہ طرز رہائش زبان اور انداز اختیار نہ کریں۔

حب الوطنی کا دارو مدار قومیت اور وطن سے متعلق تصورات پر ہے۔ اس لیے حب الوطنی کی تعریف کرنے سے پہلے قومیت۔ وطنیت اور ان کے مابین رشتے کا سرسری جائزہ لینا ضروری ہے۔ پروفیسر مجاور حسین رضوی اپنی کتاب "اردو شاعری میں قومی یک جہتی کے عناصر" میں لکھتے ہیں:

"قوم کا وجود کوئی الہامی شئے نہیں ہے۔ بلکہ تاریخ کا ایک سماجی عمل ہے"۔

یعنی تاریخ عوامل کسی قوم کی تشکیل میں معاون ثابت ہوتے ہیں۔ ابتدائی زمانے میں قومیت کا تصور نسل۔ زبان اور مذہب پر مبنی رہا ہے۔ کسی خاص نسل سے تعلق رکھنے والے اپنے آپ کو اس قوم کا جزو سمجھتے رہے جیسے تاتاری۔ منگول وغیرہ۔ وہ جہاں بھی گئے تاتاری یا منگول قوم سمجھتے جاتے رہے۔ لیکن یہی منگول یا مغل جب ہندوستان آئے اور یہیں کے ہو رہے تو پھر وہ ہندوستانی ہو گئے۔

مختلف سیاسی حالات کے تحت مختلف مفکرین نے قومیت کے الگ الگ معنی متعین کیے ہیں۔ میک آئیور کے خیال کے مطابق "قومیت مشترکہ جذبہ اور ایک دوسرے سے وابستگی کے ایسے شعور کا نام ہے جسے ایسے تاریخی حالات نے جنم دیا ہو جنہیں مشترکہ روحانی ورثہ ملا ہو۔۔۔۔۔۔۔۔۔اور جو یہ خواہش رکھتے ہوں کہ وہ اپنی حکومت بنائیں۔"

جان اسٹواٹ مل کے مطابق

"قومیت کا جوہر باہمی ہمدردی اور اپنی حکومت کے تحت متحد رہنے کی خواہش ہے جو ماضی کی تاریخ و سیاست۔ جذبہ افتخار و مذلت۔ دکھ اور سکھ کے مشترکہ جذبات کی بنیاد

پر پیدا ہوتی ہے۔"

ارنسٹ رینان کا خیال ہے:

" قومیت کا تصور نسل، مذہب، زبان، مملکت، تہذیب یا اقتصادی مفادات کی بنیاد پر نہیں ہوتا۔ بلکہ عظیم افراد صحیح عظمت اور مشترکہ تجربات ایک قومیت کی تشکیل میں معاون ہوتے ہیں۔ اور اس سے بھی زیادہ مشترکہ دکھ ہیں جو فتوحات سے زیادہ ایک قوم کو وجود میں لاتے ہیں۔ ایک قوم ماضی کی قربانیوں کے شعور اور مستقبل میں مزید قربانیاں دینے کی رضامندی کے احساس سے جنم لیتی ہے۔"

٭٭٭

اقبال کے کلام میں قرآنی فکر
ڈاکٹر ریاض توحیدی

اردو زبان کے ایک ممتاز شاعر، بزرگ ادیب اور صحافی جناب احمد ندیم قاسمی نے اپنی ایک نظم بعنوان "نذرِ اقبال" میں علامہ اقبال سے متعلق کیا خوب کہا ہے ع
پڑھتا ہوں جب اس کو تو ثنا کرتا ہوں رب کی

کلام اقبال کی کلیات اور جزئیات کا احاطہ کرنے کے دوران یہ حقیقت روشن ہو جاتی ہے کہ علامہ اقبال کی عظیم المرتبت شخصیت کو پروان چڑھانے میں بہت سارے عوامل کا عمل دخل رہا ہے۔ مشرقی تخیلات، مغربی فلسفہ اور اسلامی نظریات اور افکار کا درک، ان کی شخصیت میں نمایاں طور پر عیاں ہے، یہی وجہ ہے کہ کلام اقبال کو مکمل طور پر سمجھنے کے لئے معروف اقبال شناس ڈاکٹر سید عبداللہ کے الفاظ میں "کئی علوم کی ضرورت ہے، مشرق و مغرب کے عام علوم کے ساتھ اسلامی علوم بھی سیکھے جائیں تو بات بنتی ہے، محض جدید تعلیم صحیح اقبال شناسی پیدا نہیں کر سکتی"۔

سید عبداللہ صاحب کی مذکورہ رائے بڑی اہمیت کی حامل ہے کیونکہ جس طرح صرف جدید علوم کے حامل افراد کلام اقبال کو پورے طور پر سمجھ نہیں پائیں گے، اسی طرح صرف مذہبی علوم سے وابستہ افراد بھی کلام اقبال کو سمجھنے سے قاصر رہیں گے، وجہ یہ ہے کہ کلام اقبال کو مکمل طور پر سمجھنے اور برتنے کے لئے مذہبی علوم اور علوم جدیدہ کی

آگاہی لازم ہے۔

قرآن حکیم سے متعلق علامہ اقبال کے افکار، تصورات اور تخیلات پر بحث ایک ساتھ بھی ہو سکتی ہے اور الگ الگ بھی کیونکہ یہ ایک وسیع البیان موضوع ہے۔ علامہ اقبال کی پرورش مذہبی ماحول میں ہوئی تھی۔ اپنے والد ماجد شیخ نور محمد کی مومنانہ اور متصوفانہ صفات اور اپنے استاذ مکرم مولانا میر حسن کی اسلامی اور اخلاقی تعلیم کے اثرات ابتدا سے ہی علامہ کے ذہن پر مرتسم ہوتے گئے۔ اس تربیت کا یہ نتیجہ تھا کہ علامہ اقبال اپنے والد ماجد کی اس نصیحت کو عمر بھر نہیں بھولے جو بچپن میں انہوں نے قرآن حکیم کو سمجھنے کے لئے اقبال کو کی تھی کہ "بیٹے! تم قرآن کی تلاوت اس طرح سے کرو جیسے یہ اس وقت تم پر نازل ہو رہا ہے" جیسا کہ حکیم الامت علامہ اقبال کے درجہ ذیل شعر سے بھی ظاہر ہے

ترے ضمیر پہ جب تک نہ ہو نزول کتاب
گرہ کشا ہے نہ رازی نہ صاحب کشاف

علامہ اقبال کے شعری کلام اور نثری نگارشات میں جا بجا قرآنی روح جلوہ گر ہے۔ علامہ اقبال نے اگرچہ شرق و غرب کے بہت سارے فکری سرچشموں سے اکتساب فیض کیا تھا تاہم قبولیت (Acceptance) اور عدم قبولیت (Non- acceptance) کا معیار قرآن و سنت ہی رہا اور قرآن کریم کو وہ واحد معیار حق تسلیم کرتے ہوئے زندگی کے تمام مسائل کا حل اسی کتاب مقدس میں ڈھونڈتے تھے۔ کثیر العلوم پر نگاہ ہونے کے باوجود اقبال حیات انسانی کے تمام مسائل پر قرآن و حدیث کی روشنی میں بحث کرتے تھے۔ "اسرار خودی" میں علامہ موصوف واضح لفظوں فرماتے ہیں کہ میں نے جو کچھ سمجھا ہے اپنی بصیرت کے مطابق قرآن ہی سے سمجھا ہے۔ علامہ کے کلام میں اکثر اس کی

صراحت ملتی ہے

تھا ضبط بہت مشکل اس سیل معانی کا
کہہ ڈالے قلندر سے اسرارِ کتاب آخر

آں کتاب زندہ قرآن حکیم
حکمت او لایزال است و قدیم

کتاب مبین سے علامہ اقبال کا رابطہ ظاہری نہیں بلکہ باطنی (intrinsic) تھا۔ اپنے مشہور زمانہ خطبات " The Reconstruction of Religious Thought in Islam" کی شروعات قرآن مجید کے تعلق سے ہی کرتے ہوئے لکھتے ہیں:

"The Quran is a book which empahsizes 'deed' rather than 'idea"

یعنی قرآن پاک کا رجحان زیادہ تر اس طرف ہے کہ 'فکر' کے بجائے "عمل" پر زور دیا جائے۔ علامہ کے نزدیک ہر مسلمان کو چاہئے کہ وہ قرآن میں غوطہ زن ہو کر اپنے کردار میں جدت پیدا کرے چنانچہ فرماتے ہیں

قرآن میں ہو غوطہ زن اے مرد مسلماں
اللہ کرے تجھ کو عطا جدت کردار

علامہ اقبال قرآنی ہدایات کے تناظر میں مسلمان کو قرآنی احکامات پر عمل کرنے اور قرآن مجید میں تدبر کرنے کی تلقین پر گفتگو کرتے ہوئے اپنے خطبات (جو کہ فکری سطح پر مطالعہ قرآن ہی کی کوشش کا مظہر ہے) میں لکھتے ہیں:

"The main purpose of the Quran is to awaken in man the higher consciousness of his manifold relations with God and Universe"

ترجمہ: قرآن مجید کا حقیقی مقصد تو یہ ہے کہ انسان اپنے اندر گوناگوں روابط کا ایک

اعلیٰ اور برتر شعور پیدا کرے جو اس کے اور کائنات کے درمیان قائم ہیں"

علامہ اقبال چاہتے ہیں کہ قرآن میں گہرے غور و فکر کے بعد انسان کے اندر خدا سے قلبی ربط کا اعلیٰ شعور بیدار ہو جائے اور قرآن کے بغیر یہ شعور پانا ناممکن ہے۔

گر تو می خواہی مسلماں زیستن

نیست ممکن جذبۂ قرآں زیستن

علامہ اقبال کی شخصیت کو پروان چڑھانے کے سلسلے میں (قرآن کے حوالے سے) عالم اسلام کے ممتاز عالم دین مولانا ابو الحسن علی ندویؒ اپنی کتاب "نقوش اقبال" میں رقمطراز ہیں:

"اقبال کی شخصیت کو بنانے والا دوسرا عنصر وہ ہے جو آج ہر مسلمان گھر میں موجود ہے مگر افسوس کہ آج خود مسلمان اس کی روشنی سے محروم، اس کے علم و حکمت سے بے بہرہ ہیں، میری مراد اس سے قرآن مجید ہے، اقبال کی زندگی پر یہ عظیم کتاب جس قدر اثر انداز ہوئی ہے اتنا نہ وہ کسی شخصیت سے متاثر ہوئے ہیں اور نہ کسی کتاب نے ان پر ایسا اثر ڈالا ہے .... ان (اقبال) کے اندر نسلی مسلمانوں کے مقابلے میں قرآن مجید سے شغف، تعلق اور شعور و احساس کے ساتھ مطالعہ کا ذوق بہت زیادہ ہے۔ اقبال کا قرآن پڑھنا عام لوگوں کے پڑھنے سے بہت مختلف رہا ہے"۔

کتاب مذکور میں مولانا موصوف ایک اور جگہ لکھتے ہیں:

"علامہ اقبال نے اپنی پوری زندگی قرآن مجید میں غور و فکر اور تدبر و تفکر کرتے گزاری۔ قرآن مجید پڑھتے، قرآن سوچتے، قرآن بولتے"۔

علامہ اقبال جب امت مسلمہ کی زوال پذیری کا مفکرانہ نقطہ نگاہ سے تجزیہ کرتے ہیں تو موصوف اس زوال پذیری کا سبب امت مسلمہ کا قرآنی احکامات سے روگردان ہونا

قرار دیتے ہیں۔ علامہ اقبال قرونِ اولیٰ کے مسلمانوں کے کردار کا موازنہ عصر عہد کے مسلمانوں کے کردار سے کرتے ہوئے فرماتے ہیں کہ وہ لوگ قرآنی ہدایات کے مطابق زندگی بسر کرنے کے سبب معزز اور با اختیار تھے جبکہ آج کے مسلمان ذہنی شعور کی ناپختگی، غیرت اسلامی کے فقدان اور قرآنی ہدایات سے لاپرواہی برتنے کے سبب ہر منزل اور ہر موڑ پر ناکامی اور ذلت کے دلدل میں دھنستے ہی جا رہے ہیں

وہ زمانے میں معزز تھے مسلمان ہو کر
اور تم خوار ہوئے تارکِ قرآن ہو کر
اسی قرآن میں ہے اب ترکِ جہاں کی تعلیم
جس نے مومن کو بنایا مردِ پروین کا امیر

علامہ اقبال کے شعری اور نثری افکار سے عیاں ہے کہ انہوں نے اپنی فکری و فنی صلاحیتوں کو اسلام اور انسانیت کی خدمت کے لئے وقف کر دیا تھا۔ ان کا طرزِ استدلال طرز قرآن تھا۔ معروف فلسفی اور اقبال شناس ڈاکٹر خلیفہ عبد الحکیم، علامہ اقبال کے حکیمانہ افکار اور ان کے آفاقی پیغام میں قرآنی روح کا اعتراف کرتے ہوئے "فکر اقبال" نامی کتاب میں لکھتے ہیں:

"میرے نزدیک علامہ اقبال کے عارفانہ اور عاشقانہ کلام کا ہر شعر عبادت میں داخل ہے۔ اس سے زیادہ خدمت خلق اور کیا ہو سکتی ہے کہ رہتی دنیا تک لوگ اس کلام سے بلند ترین افکار اور تاثرات حاصل کرتے رہیں گے"۔

***

اقبال کے نظامِ فکر میں قرآن پاک کا عنصر

پروفیسر بشیر احمد نحوی

اس بات پر تمام مسلم و غیر مسلم محققین کا اتفاق ہے کہ دنیا میں ایک کتاب ایسی ہے جو مکمل طور پر محفوظ ہے۔ چودہ سو سال کا طویل عرصہ گذر جانے کے بعد اس کا موازنہ جب اس کے پہلے نسخہ سے کیا جاتا ہے تو کوئی رد و بدل، کوئی تغیر، کوئی تحریف اور ہلکی سی اعرابی تبدیلی نظر نہیں آتی ہے۔ کشمیر کا کوئی حافظ قرآن، افریقہ کے کسی دور افتادہ علاقے کے حافظ کو قرآن سنائے اور امتحان کی غرض سے کسی جگہ کوئی زیر زبر کی غلطی کر دے، تو وہ حافظ اسے ٹوک دے گا۔ ایسا کہاں ہے؟ اسے نازل کرنے والے خدا نے ہمیشہ کے لئے اس کی حفاظت کا وعدہ کیا ہے اور یہ وہ وعدہ اس لئے کیا گیا ہے کہ اس کی طرف سے آئی ہوئی یہ آخری ہدایت ہے۔

اللہ تعالیٰ نے اپنی اس عظیم الشان کتاب کے ماننے والوں کے اندر وہ شغف اور جذباتی تعلق پیدا کر دیا ہے، جو دنیا میں کسی کتاب کے لئے نہیں ہے۔ بظاہر کسی کتاب کا بغیر سمجھے پڑھنا مہمل سی بات معلوم ہوتی ہے۔ مگر اس کتاب کی تلاوت بھی باعثِ عبادت اور اس کی حفاظت کے اسباب میں سے ایک سبب ہے۔ اسی شوق، اسی وابستگی، اسی جذباتی تعلق اور جذبہ عبادت کی وجہ سے اس کتاب کے الفاظ لاکھوں سینوں کے اندر منقش ہیں۔ اس پر ایمان رکھنے والوں کے اندر اس کی عظمت کا احساس اور اس سے محبت و

عقیدت کا یہ عالم ہے کہ کوئی 90 سال پہلے بھوپال میں ایک یورپین ہیڈ ماسٹر نے اسکول کی صفائی کراتے ہوئے قرآن پاک کے کچھ شکستہ اوراق ردّی کے ساتھ پھینکوا دیئے۔ جب توجہ دلائی گئی تو اس نے لاپرواہی کے ساتھ کچھ نامناسب الفاظ بھی کہہ دیئے۔ نتیجہ یہ ہوا کہ بنے خان نامی ایک اَن پڑھ مسلمان نے اسے گولی کا نشانہ بنایا اور جب مقدمہ چلا تو اس نے انکار نہیں کیا اور اپنے اس فعل پر فخر کرتا ہوا سزائے موت کی آغوش میں چلا گیا۔ اس کا یہ عمل خود قرآنی قانون کے مطابق نہیں ہے مگر اس ایمانی جذبے کی کیا قیمت ہو سکتی ہے ؟

اب ایک اور نکتے پر غور فرمایئے ؟ کیا آپ نے کبھی کوئی ایسا ناخواندہ دیکھا ہے جو علم کی عظمت اور قلم کی تقدیس پر بحث کرتا ہو۔ نیابتِ الٰہیہ کو علم کا نتیجہ قرار دیتا ہو۔ پانی کو مدارِ حیات ٹھہراتا ہو، حواسِ خمسہ کے علاوہ تاریخ، کائنات، نفس اور وحی کو بھی مآخذ علم قرار دیتا ہو۔ اگر ایسا امی نہیں دیکھا ہے تو رسول اکرم کی ذاتِ مقدس کو دیکھئے

اُمی بود کہ ما از اثر حکمتِ او

واقف از سر نہاں خانہ اسرار شدیم

ایک طرف ناخواندگی کا یہ عالم کہ اپنا نام تک نہ پڑھ سکیں اور دوسری طرف یہ کیفیت کہ گمشدہ ماضی کی خبریں دے رہے ہیں۔

تلک من انبیا الغیب، نوحیھا الیک ما کنتَ تعلمھا اَنتَ وَلا قومک مِن قبلِ ھٰذا۔

(ھود)

یتیمے کہ ناکردہ قرآں درست

کتب خانہ چند ملت بشست

اس مختصر سی تمہید کے بعد میں اپنے اصل موضوع کی طرف رجوع کرتا ہوں اور یہ

واضح کرنے کی کوشش کرتا ہوں کہ علامہ اقبال کے نظامِ فکر میں قرآنِ پاک کا عنصر کس قدر موجود ہے۔ اقبالؒ کے فارسی کلام پر جب ہم نظر ڈالتے ہیں تو وہاں لفظ قرآن پاک ایک سو چار بار استعمال ہوا ہے اور قرآن کی دیگر اصلاحات مثلاً نزول، نازل، کتاب، قرأت، قاری، مومن، مسلم، منافق، مجاہد، جہاد، جنت، جہنم، خیر، شر، روح اللہ، الٰہ، رب، عبد، معبود، عبادت، جن اور اِنس وغیرہ سینکڑوں مقامات پر مختلف تناظرات میں استعمال ہوئی ہیں۔

اقبالؒ نے "رموزِ بے خودی" کے عنوان "بحضورِ رحمۃ للعالمین" میں اپنی شاعری کی بنیادوں پر روشنی ڈالتے ہوئے جناب نبی کریم صلعم کی خدمت اقدس میں یہ عرض کی ہے کہ اگر ان کی شاعری میں قرآن پاک کے سوا کچھ اور مضمر ہے تو پھر قیامت کے دن انہیں پائے نازنین کو بوسہ دینے کی سعادت سے محروم کیجئے۔

گر دلم آئینہ بے جوہر است

ور بحر فم غیر قرآں مضمر است

اے فروغت صبحِ اعصار و دہور

چشمِ تو بینندہ

ما فی الصدور

پردہ

ناموسِ فکرم چاک کن

ایں خیاباں راز خارم پاک کن

روزِ محشر خوار و رسوا کن مرا

بے نصیب از بوسہ

پا کن مرا

اقبالؒ کے پورے کلام پر جب ہم گہری نظر ڈالتے ہیں تو اس میں متعدد عناصر کام کرتے نظر آتے ہیں۔ مے خانۂ مغرب کی چاشنی مشرق کے روحانی بزرگوں کی دلآویزی، فلسفہ کی اثر آفرینی، فارسی شعرا کی سحر بیانی، غرض ہر قسم کے اثرات اور عناصر کی کارفرمائی نظر آتی ہے لیکن ذاتِ رسالتمآب صلعم اور قرآن مجید ہی سے اقبال کے شخصی اور فکری عناصر کی تعمیر ہوئی ہے۔ مولانا سیّد سلیمان ندوی کے ساتھ اقبالؒ کے گہرے مراسم تھے۔ اقبالؒ انہیں علوم اسلامی کے بحرِ ذخار کا غوّاص کہا کرتے تھے۔ اپنے دور کے بے بدل عالم و فاضل تھے۔ انہوں نے اقبالؒ کی زندگی کے دو واقعے یوں بیان کئے ہیں۔

"سفر کابل سے واپسی میں قندھار کا ریگستانی میدان طے ہو چکا تھا اور سندھ و بلوچستان کے پہاڑوں پر ہماری موٹریں دوڑ رہی تھیں۔ شام کا وقت تھا، ہم دونوں ایک موٹر میں بیٹھے تھے۔ روحانیت پر گفتگو ہو رہی تھی۔ اربابِ دل کا تذکرہ تھا کہ موصوف نے بڑے تاثر کے ساتھ اپنی زندگی کے دو واقعے بیان کئے۔ میرے خیال میں یہ دونوں واقعے ان کی زندگی کے سارے کارناموں کی اصل بنیاد تھے۔

فرمایا، جب میں سیالکوٹ میں پڑھتا تھا تو صبح اٹھ کر روزانہ قرآنِ پاک کی تلاوت کرتا تھا۔ والد مرحوم اپنے اوراد و وظائف سے فرصت پا کر آتے اور مجھ کو دیکھ کر گزر جاتے۔ ایک دن صبح کو وہ میرے پاس سے گزرے تو مسکرا کر فرمایا کہ کبھی فرصت ملی تو میں تم کو ایک بات بتاؤں گا۔ میں نے دو چار دفعہ بتانے کا تقاضہ کیا تو فرمایا جب امتحان دے دو گے تب۔ جب پاس ہو گیا اور پوچھا تو فرمایا.... بتاؤں گا۔ ایک دن صبح کو حسب دستور قرآن کی تلاوت کر رہا تھا تو وہ میرے پاس آ گئے اور فرمایا، بیٹا کہنا یہ تھا کہ جب تم قرآن پڑھو تو یہ سمجھو کہ قرآن تم ہی پر اتر رہا ہے۔ ڈاکٹر اقبالؒ کہتے تھے کہ ان کا یہ فقرہ

میرے دل میں اتر گیا اور اس کی لذت دل میں اب تک محسوس کرتا ہوں۔ یہ تھا وہ تخم جو اقبال کے دل میں بویا گیا اور جس کی تناور شاخیں پہنائے عالم میں ان کی موزون نالوں کی شکل میں پھیلی ہیں۔

ترے ضمیر پہ جب تک نہ ہو نزول کتاب
گرہ کشا ہے نہ رازی نہ صاحبِ کشاف

دوسرا واقعہ یہ ہے کہ باپ نے ایک دن بیٹے سے کہا کہ میں نے تمہارے پڑھانے میں جو محنت کی ہے، تم سے اس کا معاوضہ چاہتا ہوں۔ لائق بیٹے نے بڑے شوق سے پوچھا کہ وہ کیا ہے؟ باپ نے کہا کسی موقعہ پر بتاؤں گا۔ چنانچہ انہوں نے ایک دفعہ کہا کہ میری محنت کا معاوضہ یہ ہے کہ تم اسلام کی خدمت کرنا"۔

ہمارے ناقدین و محققین میں سے کچھ حضرات کی شروع سے یہ منصوبہ بند کوشش رہی ہے کہ شاعر مشرق کے فکری نظام میں قرآن کے عنصر یا قرآن کے اثر کو ثانوی حیثیت دی جائے۔ ان کے نزدیک مذہبی صحائف و کتب کے زیر اثر شاعری آفاقی نہیں ہو سکتی ہے، لیکن وہ یہ بات نظر انداز کر دیتے ہیں کہ وہ بڑے بڑے شعرا جن میں ملٹن، ٹیگور اور کالی داس شامل ہیں، اپنے مذاہب کی کتابوں کا بکثرت تذکرہ کر چکے ہیں اور اس ذکر کے نتیجے میں ان کی آفاقیت یا ان کی شاعری کی عظمت پر کوئی فرق نہیں پڑا۔

یہ حقیقت کسی کے چھپائے چھپ نہیں سکتی ہے کہ اقبالؒ کے فکری نظام پر قرآن مجید کا اثر اس قدر غالب ہے کہ اپنی شاعری کے آخری دور میں اقبال نے قرآن سے باہر سوچنا ترک کر دیا تھا۔ وہ تصوف کے مسائل ہوں، یا عشق و خرد کے معاملات، وہ خودی کا فلسفہ ہو یا بے خودی کا نظریہ، وہ انسان کی ارتقائی تاریخ ہو یا اقوام عالم کے عروج و زوال کی داستان ہو، غرض ہر مرحلے پر وہ قرآن سے رہبری کے متلاشی رہتے تھے۔ فقیر وحید

الدین نے اپنی تالیف "روز گارِ فقیر" میں "حسن انتخاب" کے عنوان سے ایک واقعہ بیان کیا ہے، لکھتے ہیں۔

"ڈاکٹر صاحب اپنی میکلوڈ روڈ والی کوٹھی میں قیام فرما تھے، اس زمانے میں ڈاکٹر صاحب کی قیام گاہ پر ایک نئے ملاقاتی آئے۔ اِدھر ادھر کی باتیں ہوتی رہیں۔ اتنے میں انہوں نے ڈاکٹر صاحب سے ایک سوال کیا، کہنے لگے۔ آپ کے مذہب، اقتصادیات، سیاسیات، تاریخ، فلسفہ پر جو کتابیں اب تک پڑھی ہیں ان سے سب سے زیادہ بلند پایہ اور حکیمانہ کتاب آپ کی نظر سے کون سی گذری ہے۔ ڈاکٹر صاحب اس سوال کے جواب میں کرسی سے اٹھے اور نووارد ملاقاتی کی طرف ہاتھ کا اشارہ کیا، تم ٹھہرو میں ابھی آتا ہوں۔ یہ کہہ کر وہ اندر چلے گئے۔ دو تین منٹ میں واپس آئے تو ان کے ہاتھوں میں ایک کتاب تھی۔ اس کتاب کو انہوں نے اس شخص کے ہاتھوں پر رکھتے ہوئے فرمایا۔ قرآن کریم"۔ مثنوی پس چہ باید کرد میں انہوں نے صاف صاف الفاظ میں فرمایا ہے

بر خوراز قرآن اگر خواہی ثبات

در ضمیرش دیدہ ام آبِ حیات

می دہد مارا پیامِ لاتخف

می رساند بر مقامِ لاتحف

از تب و تابم نصیب خود بگیر

بعد ازیں ناید چو من مردِ فقیر

گوہر دریائے قرآں سفتہ ام

شرحِ رمز صبغتہ اللہ گفتہ ام

***

نئی صدی میں شاعر مشرق کی معنویت
ڈاکٹر بشیر احمد نحوی

عہد جدید اپنی تمام ترمادی اور سائنسی ترقی کے ساتھ آگے کی جانب گامزن ہے۔ انسانی فکر اور سائنسی علوم میں وسعت، پھیلاؤ، کشش اور قوت میں تیزی کے ساتھ اضافہ ہوتا جا رہا ہے اور انسان سورج کی شعاعوں اور فضائے بسیط کی گزر گاہوں سے آگے نئی منزلوں اور نئے راستوں کی تلاش میں سرگرم عمل ہے۔ مریخ و مشتری پر بستیاں آباد کرنے اور خلا کی پہنائیوں میں خیابان و گلستان سجانے کے منصوبے انسان کے ذہن میں متشکل ہو رہے ہیں اور ایسا محسوس ہو رہا ہے کہ آنے والے سال انسانی تخلیقات کے اعتبار سے حیران کن بھی ہوں گے اور اطمینان بخش بھی لیکن اس ہمہ گیر ترقی اور زبردست پیش رفت کے باوجود انسان کا ہر زمانے میں روحانی اقدار اور اخلاقی تربیت کی ضرورت پڑی ہے۔ یہ تربیت سائنس کی تجربہ گاہوں اور علوم جدیدہ کی دانشگاہوں میں آج مفقود بھی ہے اور آئندہ بھی اس کے موجود ہونے کے بہت کم امکانات نظر آتے ہیں۔ جدید تعلیمی مراکز انسان کو عصری علوم کی باریکیوں اور دانشوری کی نزاکتوں سے بہرہ ور تو کرتے ہیں لیکن ساتھ ہی ساتھ اسے انسانیت کے ارفع مقام سے گرا کر حیوانوں کی صف میں اور سفلی جذبات کی رو میں بہا کر لے جاتے ہیں۔

علم اگر کج فطرت و بدگوہر است

پیش چشم، حجابِ اکبر است (اقبال)

گذشتہ صدی نے اردو اور فارسی شاعری میں چند بہت ہی بلند مرتبہ شعراء کو جنم دیا، جن کی طاقتور فکر نے شاعری کا رُخ پلٹ دیا اور شعر کے بارے میں روایتی نقطہ نظر کلی طور بدل کر رہ گیا۔ گزشتہ صدی کی انہی توانا شعری آوازوں میں اقبال کی آواز سب سے موثر اور طاقتور ثابت ہوئی۔ ان کے کلام میں متنوع دھارے ملتے ہیں، جن میں قومی نظموں کا ابتدائی دور بھی ہے اور فطرت کے مظاہر سے بے پناہ خواہش کا اظہار بھی انگریزی ادب کے اثرات اور المانوی تہذیب کے مثبت پہلو بھی تاہم شعری سفر کی ابتداء میں یہی مذہبی حسیت کی لہریں شعری آگہی کی سطح پر آسانی سے دیکھی جاسکتی ہیں۔ شعر و ادب میں یہ مسئلہ کافی اہمیت رکھتا ہے کہ فن کی سطح پر کس طرح عرفانِ ذات، انسان اور کائنات کے مسائل کو پیش کیا جائے۔ جدید شاعری میں تخلیق کار کی وابستگی، ترسیل کی ناکامی اور بیانات کے تفاوت و تضاد اور دوسرے گوشوں پر گفتگو ہوتی رہتی ہے لیکن موجودہ عہد کے ناقدوں کے ایک بڑے گروہ کا یہ اصرار کہ شاعری کو صرف علامتوں ہی کے ذریعے برتا جائے شعر کے مختلف رنگ وروپ سے چشم پوشی کرنے کے برابر ہے۔

اقبال کے فکری سفر کا محور جہانِ نو کی تلاش تھی۔ ان کے خیال میں زمانے کے دامن میں تغیر و تبدل کو ثبات حاصل ہے۔ ان کا نقطہ نظر احیا پرستی کا ترجمان نہیں بلکہ تازہ بستیوں کے احساس کا داعی ونقیب ہے۔

کریں گے اہل نظر تازہ بستیاں آباد
مری نگاہ نہیں سوئے کوفہ و بغداد

اقبال نے قصہ قدیم و جدید کے فرق کو احسن طریقے سے سمجھانے کی کوشش کی

ہے اور اس پر ایک مخصوص انداز سے نکتہ چینی کی ہے۔ انہوں نے تصور خودی کے ذریعے ایک فعال شخصیت کا خواب دیکھا۔ اقبال کی تخلیقی فکر محدود نہیں ہو جاتی ہے بلکہ وہ وسیع تر سطح پر ہر مکتبہ فکر کے لئے سرچشمہ تحریک رہتی ہے۔ اقبال کی فکر کے مقابلے میں سر سید کی تحریک کا دائرہ کار محدود رہا ہے۔ سر سید کی فکر ہندوستان تک محدود ہو کر رہ گئی جبکہ اقبال کے افکار میں عالمگیریت، آفاقیت کی وسعت دکھائی دیتی ہے۔ فیض احمد فیض اس دور کے بہت بڑے شاعر ہیں۔ وہ منظوم خراج عقیدت جب اقبالؒ کے حضور میں پیش کرتے ہیں، تو وہ اقبال کو ایک "خوش نوا فقیر" اور اس کے گیت کو دلوں میں اترنے والا اثر انداز ہونے والا قرار دیتے ہیں لیکن فیض نے اپنے نثری خراجِ عقیدت میں بہت ہی عمدہ باتیں اور حقیقتیں بیان کی ہیں:

"بہت سی باتیں جن میں محض وہم و گمان کے بل پر لوگ سلوگنز Slogans کے طور پر استعمال کیا کرتے تھے۔ اقبال نے ان کے سوچنے کا غور کرنے کا، مشاہدہ کرنے کا، مطالعہ کرنے کا، تجزیہ کرنے کا، استنباط کرنے کا اور سارے ذہنی پروسس Process سے گزر جانے کا ڈھنگ سکھایا۔ صرف خواص کو ہی نہیں بلکہ عوام کو بھی۔ اقبال نے لوگوں کے ذہن کو ان اثرات سے ایک حد تک آزاد کرنے میں امداد دی جو غلامی کے سبب پیدا ہو گئے تھے۔ ان کا آخری دور جو ان کی پختگی کا دور ہے، جبکہ وہ انسانیت اور جملہ کائنات کے بارے میں اپنے افکار کا اظہار کرتے ہیں۔ آفاقی طریقہ سے سوچنے کا سلیقہ ہمارے ہاں اقبالؒ نے پیدا کیا ہمارے ہاں اس سے پہلے شعر یا تو تفریحی چیز سمجھی تھی یا غنائیہ سی چیز تصور کی جاتی تھی۔ شعر میں فکر اور شعر میں حکمت اور شعر میں وہ عظمتیں، جن کو ہم شاعروں سے نہیں، فلاسفروں سے متعلق کرتے ہیں وہ محض اقبال کی وجہ سے ہمارے یہاں پیدا ہوئی ہیں۔ اقبال کی مثال ہمارے ہاں ایک ندی یا ایک نہر کی سی ہے جو ایک ہی

سمت میں جارہی ہو بلکہ ان کی مثال تو ایک سمندر کی سی ہے جو چاروں طرف محیط ہے"۔

موجودہ عہد، جس کی تیز تر مادی اور مشینی ترقی کا ابتدائی سطور میں ذکر ہوا، اس عہد یا اس صدی میں اقبال کے انسانی اور آفاقی فکر کی افادیت اور معنویت کیا ہے تو اس سلسلے میں پہلی بات واضح رہے کہ اقبال کے افکار کلی طور ان کے اپنے نہیں ہیں، بلکہ ان کا حقیقی منبع وہ عظیم آسمانی، روحانی اور قرآنی تعلیمات ہیں، جن کا وہ بار بار مختلف پیرایوں میں بر ملا اظہار کرتے ہیں۔ وہ اپنے دل کی آواز اور ضمیر کی خلوتوں میں ابھرنے والے جذبے کو چھپاتے نہیں بلکہ دوٹوک لفظوں میں وضاحت کرتے ہیں کہ قرآن کے بغیر ان کا فکر، شعر، فہم اور 'حرف' بے معنی ہے، وہ اللہ کے اس آخری پیغام کی روشنی میں انسانی دنیا کے مسائل و مصائب کا حل ڈھونڈتے اور انسانی قدروں کی بالادستی کے لئے انسانیت کے خیر خواہوں کے افکار سے خوشہ چینی کرتے ہیں۔ اقبال کے فکر کا دوسرا اہم سرچشمہ سیرتِ نبوی ہے جس کی شفافیت اور صلابت کا اعتراف ہر مسلم و غیر مسلم کو ہے۔ اقبال اپنے فکر کو اسی سرچشمہ ہدایت سے فیضیاب کر کے دنیا پر اس کی عنایتوں، برکتوں اور نوازشوں کا شاعرانہ اور فلسفیانہ دونوں حیثیتوں میں ذکر کرتے ہیں اور موجودہ عہد پر یہ بات علی الاعلان واضح کرتے ہیں کہ محمد رسول اللہ سے وفاداری ایمان کی علامت اور لوح و قلم پر گرفت کی حاصل کرنے کی شرط ہے

کی محمد سے وفا تو نے تو ہم تیرے ہیں
یہ جہاں چیز ہے کیا؟ لوح و قلم تیرے ہیں

می توانی منکر یزداں شدن
منکر از شانِ نبی نتوان شدن

عصر حاضر نے بہت سارے نظریات دنیا کے سامنے پیش کئے ہیں۔ اقتصادی،

سماجی، معاشی اور سیاسی فلاح و صلاح کے نئے نئے نقطہ ہائے نظر اور مسالک فکر اپنے مثبت اور منفی رویوں کے ساتھ پیش ہو رہے ہیں مگر تجربہ بتا رہا ہے کہ اپنی کجروی، بدگوہری، بے ضمیری اور ہوس رانی کے نتیجے میں یہ نظریات وقت کی رفتار کے ساتھ اپنی معنویت کھوتے رہے۔ ان کا کھوکھلا پن، روس، البانیہ، چیکوسلواکیہ، پولینڈ اور دیگر ممالک میں لوگوں کے سامنے اپنی اصل صورت میں آگیا اور اقبالؒ کے نزدیک روس اور امریکہ انسانی زندگی کا خروج اور خراج کے بغیر کچھ دینے سے قاصر رہے اور انسان ان دو پتھروں (ملکوں) کے درمیان شیشے کی مانند چکنا چور ہوتا دکھائی دے رہا ہے

زندگی ایں راخروج آں راخراج
درمیانِ ایں دوسنگ آدم زجاج

انسانی دنیا اس وقت بچشم خود امریکہ کی صیہونی اور سامراجی ذہنیت کا نظارہ کر رہی ہے۔ توسیع پسندی اور جارحیت کے نشے میں افغانستان، عراق، شام اور ایران کے ساتھ امریکی جارحیت اپنے نقطہ عروج پر آپہنچی ہے اور دیگر اقوام کو امریکہ اور اس کے حلیف تر نوالہ سمجھ کر ہڑپ کرنے اور پامال کرنے کے سارے منصوبے ترتیب دے چکے ہیں۔ اقبالؒ کے خیال میں کفر ایک متحدہ قوت اور وفاق بن کر مسلم تہذیب اور ثقافت کو ختم کرنے میں اپنی عافیت و صیانت محسوس کرتا ہے اور اس کربناک صورتحال میں فکر اقبالؒ یکجہتی اور مسلم برادری میں یک رنگی و یکسوئی کی تحریک دیتے ہوئے یہ عالمگیر ملی نغمہ سناتا ہے

ایک ہوں مسلم حرم کی پاسبانی کے لئے
نیل کے ساحل سے لے کر تا بہ خاکِ کاشغر

یا

زمانہ کہنہ بتاں راہز ار بار آراست
من از حرم نہ گذشتم کہ پختہ بنیاد است

فکر اقبالؒ ایک اتھاہ سمندر کی مانند ہے، اس کی گہرائی میں شعور، علم، تجربہ، درد مندی اور سوز و گداز کے ان گنت خزانے ہیں۔ جب بھی ایک سنجیدہ قاری اس سمندر میں غوطہ خوری کرتا ہے تو نئے گہر اور نئے صدف اس کے ہاتھ آجاتے ہیں۔ یہ وہ بحر نا پیدا کنار ہے جس میں صدیوں کے وسیع مدت پر پھیلے ہوئے مد و جزر ہیں، تلاطم اور امواج کا ارتفاع ہے۔ کلامِ اقبال کو بنظر غائر پڑھ کے کبھی کبھار یہ احساس ہوتا ہے کہ ایک شخص جو اپنی ذات میں ایک انجمن تھا، حیات و کائنات کے کتنے سربستہ رازوں کا ہمیں شریک بناتا ہے۔ فلسفہ کی سطح پر اقدار کی گفتگو ہے کلام کے توسط سے جذبات کی ایک بسیط فضار قصاں ہے۔ مکاتیب اور شذرات کے تناظر میں جزئیات کے دفتر ہیں، اور پھر شعر کو بہانہ بنا کر ناقہ بے زمام کو منزل مقصود تک لے جانے کی ایک مسلسل تڑپ ہے

نغمہ کجا و من کجا ساز سخن بہانہ ایست
سوئے قطار می کشم ناقہ بے زمام را

بیسویں صدی میں ابھرنے والی اقبالؒ کی متحرک، توانا اور تابندہ فکری شخصیت اکیسویں صدی کے پر آشوب عالمی منظر نامے میں زبردست معنویت رکھتی ہے، یہ شخصیت اور یہ فکری وجود موجودہ صدی کو سیاسی، سماجی، معاشی اور معاشرتی بالادستی اور اقوامِ عالم پر ظلم و تعدی، حق تلفی اور ناانصافی کے خلاف علم بغاوت بلند کرتے ہوئے انسانی اخوت، احترام آدمیت، متوازن تقسیم دولت، تزکیہ قلب و ذہن اور ارتفاعِ اقدار کے عظیم اصولوں کی ترجمانی کا خوشگوار فریضہ انجام دیتا ہے۔

ان کا فکر محکوم و مظلوم انسانوں بالخصوص محنت کش طبقہ سے وابستہ لوگوں کو

جھنجھوڑتا ہے اور انہیں ساحر الموت کے دیئے ہوئے برگِ حشیش کو ترک کر کے اپنی خودی کی شناخت اور اپنے پاؤں پر کھڑا ہونے کی ترغیب دیتا ہے

اٹھ کہ اب بزمِ جہاں کا اور ہی انداز ہے
مشرق و مغرب میں تیرے دور کا آغاز ہے

٭ ٭ ٭

اقبال کا تصور "شاہین"

خودی کی شوخی و تندی میں کبر و ناز نہیں جو ناز ہو بھی تو بے لذت نیاز نہیں

نگاہ عشق دل زندہ کی تلاش میں ہے

شکار مردہ سزاوار شاہباز نہیں

اقبال کی شاعری میں جن تصورات نے علامتوں کا لباس اختیار کیا ہے ان میں شاہین کا تصور ایک امتیازی حیثیت رکھتا ہے۔ بیسویں صدی کا آغاز تھا کہ اقبال کی پہلی نظم " ہمالہ " منظر عام پر آئی۔ اس کے بعد پانچ چھ برس تک متواتر ان کی ایسی نظمیں ملک کے سامنے آتی رہیں، جو ان کی حب وطن، ذوق حسن اور ہم آہنگی فطرت کی آئینہ دار تھیں۔ اس اثنا میں انہیں یورپ کا سفر پیش آیا اور وہ ایک عرصے تک کیمرج اور اس کے بعد ہائڈل برگ (جرمنی) میں مقیم رہے۔ جرمنی میں قیام کے دوران میں انہوں نے جن فکری اثرات کو قبول کیا، ان میں نطشے کا فلسفہ قوت و زندگی خاص طور پر قابلِ ذکر ہے۔ نظریاتی حلقوں سے باہر کی فضاء بھی ایک ہنگامہ عمل سے معمور تھی اور جرمنی قیصر ولیم کی قیادت میں تسخیر عالم کی تیاریوں میں مصروف تھا۔ جرمن قوم کی فعالیت اور بلند نظری اور جرمن فرد کی خود شناسی اور خود اعتمادی نے اقبال کے نظام فکر پر ایک گہرا اثر ڈالا ہے اور اس اثر کی ایک یادگار اُن کی فضائے سخن میں اس پرند کی آواز ہے جسے شاہین کہتے ہیں اور جو قیصر کے جنگی خود اور اس کی کوہ شکن سپاہ کے پھریروں اور اس کے جہازوں کے مستولوں پر دنیا کے گوشے گوشے میں متواتر پانچ برس تک مائل رہا۔ اقبال کے شعر میں

شہباز کی پہلی نمود ہمیں اس کے دور اوّل کی ایک نظم "مرغ ہوا" میں ملتی ہے جو پہلی جنگ عظیم کے قریب لکھی گئی۔

اک مرغ سِرا نے یہ کہا مرغ ہوا سے
پر دار اگر تو ہے تو کیا میں نہیں پر دار
گر تو ہے ہوا گیر تو ہوں میں بھی ہوا گیر
آزاد اگر تو ہے، نہیں میں بھی گرفتار

اس میں کوئی کلام نہیں کہ یورپ کی سب سے باعمل قوم کا تصورِ شاہین قوت، تیزی، وسعت نظر دور بینی اور بلند پروازی کی خصوصیات پر محیط تھا اور اس کے مادی نظریہ حیات کا صحیح ترجمان، لیکن جب اقبال نے اُسے اپنایا تو اس کی مشرقی روحانیت اس کی تخلیق پر غالب آگئی اور اس نے اپنے شاہین کو خصوصیاتِ مذکورہ کے علاوہ درویشی، قلندری اور خودداری و بے نیازی کی اعلیٰ صفات سے بھی مزین کیا اور اپنی قوم کے نوجوان کے سامنے اسے زندگی کا بہترین نمونہ بنا کر پیش کیا۔ شاہینِ اقبال کی سیرت کی ایک جھلک "بال جبریل" کی مشہور نظم "شاہین" میں جو اقبال کے دور خرد پروری کی یادگار ہے، یوں نظر آتی ہے۔

کیا میں نے اس خاکداں سے کنارا
جہاں رزق کا نام ہے آب و دانہ
بیاباں کی خلوت خوش آتی ہے مجھ کو
ازل سے ہے فطرت مری راہبانہ

اقبال اور شاہین

اقبال نے اپنی شاعری میں شاہین کو ایک خاص علامت کی حیثیت سے پیش کیا ہے۔

اور ان کا محبوب پرندہ ہے۔ اقبال کے ہاں اس کی وہی اہمیت ہے جو کیٹس کے لئے بلبل اور شیلے کے لئے سکائی لارک کی تھی، بلکہ ایک لحاظ سے شاہین کی حیثیت ان سے زیادہ بلند ہے کیونکہ شاہین میں بعض ایسی صفات جمع ہو گئی ہیں۔ جو اقبال کی بنیادی تعلیمات سے ہم آہنگ ہیں یوں تو اقبال کے کلام میں جگنو، پروانہ، طاوس، بلبل، کبوتر، ہرن وغیرہ کا ذکر آیا ہے۔ لیکن ان سب پر شاہین کو وہ ترجیح دیتے ہیں۔ اقبال نے تشبیہات و استعارات میں بلبل و قمری کے بجائے باز اور شاہین کو ترجیح دی ہے۔ ڈاکٹر یوسف خان لکھتے ہیں کہ،

" اقبال کے وجدان اور جذبات شعری کو جو چیز سب سے زیادہ متحرک کرتی ہے۔ وہ مظہر " قوت " ہے یہی وجہ ہے کہ وہ بلبل اور قمری کی تشبیہوں کی بجائے باز اور شاہین کو ترجیح دیتا ہے۔"

اقبال کے ہاں شاہین مسلمان نوجوان کی علامت کے طور پر استعمال ہوا ہے۔ اقبال کو جمال سے زیادہ جلال پسند ہے اقبال کو ایسے پرندوں سے کوئی دلچسپی نہیں جن کی اہمیت صرف جمالیاتی ہے یا جو حرکت کے بجائے سکون کے پیامبر ہیں،

کر بلبل و طاوس کی تقلید سے توبہ
بلبل فقط آواز ہے، طاوس فقط رنگ

اقبال کو شاہین کی علامت کیوں پسند ہے اس سلسلے میں خود ہی ظفر احمد صدیقی کے نام ایک خط میں لکھتے ہیں۔

" شاہین کی تشبیہ محض شاعرانہ تشبیہ نہیں ہے اس جانور میں اسلامی فقر کی تمام خصوصیات پائی جاتی ہیں۔ خود دار اور غیرت مند ہے کہ اور کے ہاتھ کا مارا ہو شکار نہیں کھاتا۔ بے تعلق ہے کہ آشیانہ نہیں بناتا۔ بلند پرواز ہے۔ خلوت نشین ہے۔ تیز نگاہ ہے۔"

اقبال کے نزدیک یہی صفات مردِ مومن کی بھی ہیں وہ نوجوانوں میں بھی یہی صفات دیکھنا چاہتا ہے۔ شاہین کے علاوہ کوئی اور پرندہ ایسا نہیں جو نوجوانوں کے لئے قابل تقلید نمونہ بن سکے اُردو کے کسی شاعر نے شاہین کو اس پہلو سے نہیں دیکھا "بال جبریل" کی نظم "شاہین" میں اقبال نے شاہین کو یوں پیش کیا ہے۔

خیابانیوں سے، ہے پرہیز لازم
ادائیں ہیں ان کی بہت دلبرانہ
حمام و کبوتر کا بھوکا نہیں میں
کہ ہے زندگی باز کی زاہدانہ
جھپٹنا، پلٹنا، پلٹ کر جھپٹنا
لہو گرم رکھنے کا ہے اک بہانہ
یہ پورب، یہ پچھم، چکوروں کی دنیا
میرا نیلگوں آسماں بے کرانہ
پرندوں کی دنیا کا درویش ہوں میں
کہ شاہیں بناتا نہیں آشیانہ ؟

اقبال کے شاہین کی صفات

اقبال نے شاہین کی جن خوبیوں کا خود ذکر کیا ہے اور جن کے باعث وہ ان کا پسندیدہ جانور بنا ہے ان کا کلامِ اقبال کی روشنی میں ذرا تفصیلی جائزہ لے لیا جائے تو اقبال کے تصورِ شاہین کو سمجھنے میں مزید مدد مل جاتی ہے وہ صفات مندرجہ ذیل ہیں۔

غیرت و خودداری:۔

غیرت و خودداری درویش کی سب سے بڑی صفت ہے اور یہی حال شاہین کا بھی ہے

اس لئے وہ مرغ سرا کے ساتھ دانہ نہیں چگتا جو دوسروں کے احسان کے باعث ملتا ہے اور نہ گرگس کی طرح مردہ شکار کھاتا ہے درویش اور فلسفی میں یہی فرق ہے کہ گدھ اونچا تو اُڑ سکتا ہے لیکن شکارِ زندہ یعنی حقیقت اس کے نصیب میں نہیں ہوتی۔

بلند بال تھا لیکن نہ جسور و غیور
حکیم سرِ محبت سے بے نصیب رہا
پھرا فضاؤں میں گرگس اگرچہ شاہیں وار
شکار زندہ کی لذت سے بے نصیب رہا

فقر اور استغنا:۔

فقر بھی اقبال کے نزدیک مرد درویش کی بڑی خصوصیت ہے جس طرح شاہین چکور کی غلامی نہیں کر سکتا اُسی طرح درویش شاہوں کو بھی خاطر میں نہیں لاتا۔ اقبال کہتے ہیں کہ شاہین کو چکور و گرگس کی صحبت سے پرہیز کرنا چاہیے۔ زاغ و گرگس کی صحبت میں شاہین کی زندہ شکار حاصل کرنے کی صلاحیت مردہ ہو جائے گی اور وہ انہی کی طرح لالچی بن کر فقر سے ہاتھ دھو بیٹھے گا۔ اس طرح شاہین کی صفات پیدا کر کے فقیر بھی کسی چڑیا، کبوتر یا فاختہ کا شکار نہیں کھیلے گا بلکہ وہ فطرت و کائنات کی تسخیر کرے گا یا باطل کی قوتوں کا مقابلہ کرے گا۔

اس فقر سے آدمی میں پیدا
اللہ کی شانِ بے نیازی
کنجشک و حمام کے لئے موت
ہے اس کا مقام شہبازی

آشیانہ نہ بنانا:۔

اقبال کو شاہین کی یہ ادا بھی پسند ہے کہ وہ آشیانہ نہیں بناتا، آشیانہ بنانا اس کے فقر کی تذلیل ہے۔

گذر اوقات کر لیتا ہے یہ کوہ بیاباں میں
کہ شاہیں کے لئے ذلت ہے کارِ آشیاں بندی

شاہین کی طرح درویش بھی سرمایہ جمع کرنے کو درویشی کے خلاف سمجھتا ہے۔ اقبال شاہین کو قصر سلطانی کی گنبد پر نہیں بلکہ پہاڑوں کی چٹانوں میں بسیرا کرنے کے لئے کہتے ہیں ان کے خیال میں جب نوجوانوں میں عقابی روح پیدا ہوتی ہے تو انہیں اپنی منزل آسمانوں میں نظر آتی ہے۔

عقابی روح جب بیدار ہوتی ہے جوانوں میں
نظر آتی ہے ان کو اپنی منزل آسمانوں میں
نہیں ترا نشیمن قصرِ سلطانی کی گنبد پر
تو شاہیں ہے بسیرا کر پہاڑوں کی چٹانوں میں

بلند پروازی:۔

اقبال کے شاہین کی ایک خوبی اُس کی بلند پروازی ہے اقبال کو شاہین کی بلند پروازی اس لئے پسند ہے کہ یہ اس کے عزائم کو نئے نئے امکانات سے روشناس کرتی ہے اقبال شاہین کے اس وصف کو اپنے مرد مومن میں بھی دیکھنا چاہتا ہے۔

قناعت نہ کر عالمِ رنگ و بو پر
چمن اور بھی آشیاں اور بھی ہیں
تو شاہیں ہے پرواز ہے کام تیرا
تیرے سامنے آسماں اور بھی ہیں

خلوت پسندی:۔

اقبال کا شاہین خلوت پسند ہے وہ کبوتر، چکور یا زاغ کی صحبت سے پرہیز کرتا ہے۔ اقبال کو ایسا شاہین پسند نہیں جو گرگسوں میں پلا بڑھا ہو کیونکہ وہ رسم شاہبازی سے بیگانہ ہو جاتا ہے اقبال فرماتے ہیں کہ گرگس اور شاہین ایک فضا میں پرواز کرنے کے باوجود ایک دوسرے سے مختلف ہیں۔

ہوئی نہ زاغ میں پیدا بلندی پرواز
خراب کر گئی شاہیں بچے کو صحبتِ زاغ
وہ فریب خوردہ شاہیں جو پلا ہو گرگسوں میں
اُسے کیا خبر کہ کیا ہے رہ رسمِ شاہبازی
پرواز ہے دونوں کا اسی ایک فضا میں
گرگس کا جہاں اور ہے شاہیں کا جہاں اور

تیز نگاہی:۔

اقبال کو شاہین کی تیز نگاہی اور دور بینی بھی پسند ہے یہی خصوصیت اس کے خیال میں مردِ مومن میں بھی ہونی چاہیے شاہین کی پرواز اس کی نگاہوں کو وسعت بخشتی ہے اقبال کہتا ہے کہ دوسرے پرندوں کو بھلا ان مقامات کا کیا پتہ جو فضائے نیلگوں کے پیچ و خم میں چھپے ہوئے ہیں انہیں صرف شہباز کی تیز نگاہی دیکھ سکتی ہے۔

لیکن اے شہباز، یہ مرغانِ صحرا کے اچھوت
ہیں فضائے نیلگوں کے پیچ و خم سے بے خبر
ان کو کیا معلوم اس طائر کے احوال و مقام
روح ہے جس کی دم پرواز سر تا پا نظر

سخت کوشی:۔

اقبال جد وجہد اور سخت کوشی کے مبلغ ہیں یہ صفت بھی شاہین میں ملتی ہے اقبال مسلم نوجوانوں میں شاہین کی یہ صفات پیدا کرکے انہیں مجسمہ عمل و حرکت بنانا چاہتے ہیں یہ سبق اقبال نے ایک بوڑھے عقاب کی زبانی اپنے بچوں کو نصیحت کرتے ہوئے دیا کہ سخت کوشی اور محنت کی بدولت زندگی کو خوشگوار بنایا جا سکتا ہے

ہے شباب اپنے لہو کی آگ میں جلنے کا نام
سخت کوشی سے ہے تلخِ زندگانی انگبیں
سخت کوشی دراصل لہو گرم رکھنے کا اک بہانہ ہے۔
جھپٹنا پلٹنا، پلٹ کر جھپٹنا
لہو گرم رکھنے کا ہے اک بہانہ

چیونٹی اور عقاب کے عنوان سے اقبال نے دو شعر لکھے ہیں ان میں چیونٹی عقاب سے پوچھتی ہے۔

میں پائمال و خوار و پریشاں و دردمند
تیرا مقام کیوں ہے ستاروں سے بھی بلند

عقاب جواب دیتا ہے۔

تو رزق اپنا ڈھونڈتی ہے خاکِ راہ میں
میں نہ سپہر کو نہیں لاتا نگاہ میں

قوت اور توانائی:۔

اقبال کو شاہین اسی لئے پسند ہے کہ وہ طاقتور ہے قوت اور توانائی کے تمام مظاہر اقبال کو بہت مرغوب ہیں۔ اقبال کو طائوس، قمری اور بلبل اسی لئے پسند نہیں کہ محض

جمالِ بے قوت کی علامت ہے اس طرح تیتر اور کبوتر جیسے پرندے محض اپنی کمزوری کی وجہ سے شکار ہو جاتے ہیں۔ اس بات کو اقبال نے اپنی ایک نظم میں بڑی خوبصورتی سے واضح کیا ہے۔ وہ کہتے ہیں کہ، ابو لعلاء معری کے بارے میں یہ مشہور ہے کہ وہ کبھی گوشت نہیں کھاتا تھا۔ ایک دوست نے ترغیب دینے کے لئے ایک بھُنا ہوا تیتر اسے بھیجا، بجائے اس کے کہ معری اس لذیذ خوان کو دیکھ کر تیتر کی تعریف کرتا، اس نے اپنا فلسفہ چھانٹنا شروع کر دیا۔ تیتر سے مخاطب کر کے کہا کہ تجھے معلوم ہے کہ تو گرفتار ہو کر اس حالت کو کیوں پہنچا اور وہ کون سا گناہ ہے جس کی سزا تجھے موت کی شکل میں ملی ہے ؟ سن !

افسوس صد افسوس کہ شاہیں نہ بنا تو
دیکھے نہ تیری آنکھ نے فطرت کے اشارات
تقدیر کے قاضی کا یہ فتویٰ ہے ازل سے
ہے جرم ضعیفی کی سزا مرگِ مفاجات

آزادی :۔

اقبال کو حریت اور آزادی کی قدر بہت پسند ہے یہ قدر بھی شاہین کی ذات میں انہیں نظر آتی ہے۔ اقبال کا شاہین میر و سلطاں کا پالا ہوا باز ہرگز نہیں ہو سکتا بلکہ اس کے لئے آزادی ضروری ہے۔ اقبال جب ہندوستان کے مسلمانوں کی غلامانہ ذہنیت کو دیکھتے ہیں تو بے ساختہ پکار اُٹھتے ہیں کہ،

وہ فریب خوردہ شاہیں کہ پلا ہو کرگسوں میں
اسے کیا خبر کہ کیا ہے رہ و رسم شاہبازی

تجسّس :۔

اقبال کے نزدیک آزادی کے عالم میں ہی شاہین کے لئے تجسس ممکن ہے ورنہ غلامانہ ذہنیت تو اس بزدل اور کمزور بنا دیتی ہے وہ پر تجسس نگاہ کو اتنی ہی اہمیت دیتے ہیں جتنی چیتے کے جگر کو ان کے خیال میں یورپی علوم ہمارے لئے اتنے ضروری نہیں جتنا تجسس کا ذوق ضروری کیونکہ اسکے بغیر ہم تخلیقی صلاحیتوں سے محروم رہیں گے۔

چیتے کا جگر چاہئیے شاہیں کا تجسس
جی سکتے ہیں بے روشنی دانش افرنگ

یہ تجسس حصول علم کے لئے بھی ضروری ہے اور حصولِ قوت کے لئے بھی مرد مومن کو شاہین کی طرح دور بین اور پر تجسّس ہونا چاہیے کہ اسی ذریعہ سے حیات کائنات کے اسرار تک رسائی ہوتی ہے۔ اقبال ملک کے نوجوانوں کو شاہیں بچے قرار دیتے ہیں جو اگرچہ شاہین کی صفات رکھتے ہیں لیکن بد قسمتی سے ان کو مناسب تعلیم و تربیت نہیں دی جاتی۔ وہ اربابِ تعلیم کے خلاف خدا سے شکایت کرتے ہوئے کہتے ہیں۔

شکایت ہے مجھے یارب خداوندانِ مکتب سے
سبق شاہین بچوں کو دے رہے ہیں خاکبازی کا

٭٭٭

پیام اقبال

سیدہ رابعہ بخاری

ہے جس کی نظر شعلہ مستور کی شاہد
ہر موج نفس جلوہ سینا کا شرارا
حل کرتا ہے راتوں کو ستاروں کے معمے
ہے عرش بریں جس کے تخیل کا کنارا
ہر مصرعِ موزوں سے چھلکتی ہے گلابی
ہر شعر ہے اک کوثر و تسنیم کا دھارا
ہر لفظ ہے مستقبل زرّیں کا پیامی
ہر بات میں بیداری مسلم کا اشارا
(احسان دانش)

شاعری کو 'جزو یست از پیغمبری' بنا دینا، کم از کم اُردو شاعری میں، صرف علامہ اقبال کے حصے میں آیا۔ اس میں کوئی شک نہیں کہ علامہ اقبال کا سارا فلسفہ اسلامیات کی روح سے لبریز ہے اور ان کا صحیح مخاطب مسلمان ہیں لیکن ایک سچے شاعر کی طرح ان کے دل میں سارے جہاں کا درد ہے اور ان کا پیام سب انسانوں کے لئے عام ہے۔ وہ ہر مذہب و ملت کے لوگوں کو اپنی خودی کی تربیت اور اپنی مخصوص ملّی روایات کی حفاظت کی تعلیم

دیتے ہیں۔

ڈاکٹر اقبالؒ انسانی زندگی کے متعلق ایک واضع اور یقین آفرین نقطہ نظر کے حامل ہیں۔ وہ اسلام کے آفاقی اور الہامی اصولوں کو زندگی کا مطمع نظر سمجھتے ہیں۔ انسانی زندگی کو عظمت کے مقام تک پہنچانے کے لئے وہ جہد مسلسل اور انقلاب کو ناگزیر قرار دیتے ہیں۔ علامہ اقبالؒ کے نزدیک تبدیلی، ترقی اور انقلاب کے بغیر انسانی زندگی اپنی امتیازی شان کھو دیتی ہے۔ ان کے مطابق کوئی قوم اُس وقت تک آگے نہیں بڑھ سکتی جب تک نہ اس کے اندر جدوجہد اور کشمکش کا مادہ ہو۔ ڈاکٹر اقبالؒ ایک مرد کو ایک قوم یا اُمت کا نمائندہ ہونے کی حیثیت سے اسے جہد مسلسل کی راہ پر اکساتے ہیں اور اس کی انفرادی تقدیر کے ساتھ تقدیر امم کو وابستہ کر دیتے ہیں

زندگی قطرے کی سکھلاتی ہے اسرارِ حیات
یہ کبھی گوہر، کبھی شبنم، کبھی آنسو ہوا
پھر کہیں سے اس کو پیدا کر بڑی دولت ہے یہ
زندگی کیسی جو دل بیگانہ پہلو ہوا
آبرو باقی تیری ملت کی جمعیت سے تھی
جب یہ جمعیت گئی دنیا میں رسوا تو ہوا
فرد قائم ربطِ ملت سے ہے تنہا کچھ نہیں
موج ہے دریا میں اور بیرونِ دریا کچھ نہیں!

ان اشعار میں ڈاکٹر اقبال ایک مسلمان کی شخصی تربیت و تزکیہ اور اجتماعی اصلاح و انقلاب کے لئے فکر مند نظر آتے ہیں۔ حقیقت میں ڈاکٹر اقبال کے یہ اشعار ایک داعی حق کے دل میں موجود یا مطلوب ایک ایسی آگ کو ظاہر کرتے ہیں جس کی آنچ سے داعی

ارد گرد کے ماحول کو گرم کرنا اور گرم رکھنا چاہتا ہے۔ دراصل شخصی تربیت و تزکیہ ہی اجتماعی اصلاح و انقلاب کا پہلا زینہ ہے۔ اس میں کوئی شک نہیں کہ جب ہمیں ایک سوسائٹی یا معاشرے کی تربیت و اصلاح درکار ہو تو اس کا نقطہ آغاز فرد کی اپنی ذات ہے اور اول تا آخر تمام اجتماعی اور انفرادی کوششوں کا مطلوب یہی ہے کہ فرد کی شخصیت کی تکمیل ہو سکے۔ ایک صالح اجتماعیت اور ہمہ گیر اسلامی انقلاب کا مقصود بھی یہی ہے کہ فرد کا صحیح ارتقاء ہو سکے اور ایک سازگار فضاء میں کسی روک ٹوک کے بغیر وہ خود کو آخرت کی فلاح و نجات کے لائق بنا سکے۔ اس اسلامی فکر کے نتیجے میں ایک انسان خدا کی رضا اور آخرت کی فلاح کو یکسوئی، اخلاص اور صحیح فہم کے ساتھ جو زندگی گذارتا ہے وہی کامیاب اور مطلوب زندگی ہے۔ خواہ وہ آرام و آسائش اور خوشحالی میں گزرے یا مصائب و آلام اور غربت و افلاس میں، محکومی و مظلومی میں گزرے یا اقتدار و آزادی میں، آزمائش و تعذیب میں گذرے یا دنیا کے وسائل و ذرائع پر قابض ہو کر۔

دیکھنا یہ نہیں ہے کہ زندگی کس طرح گذری، دیکھنا یہ ہے کس چیز کو مقصود بنا کر گذری۔ ایسی فکر آدمی کو آمادہ ہی نہیں بلکہ ہمہ وقت بے تاب رکھتی ہے اور وہ تربیت و دعوت کی تمام کوششوں کا اوّلین نشانہ اپنی ذات کو بناتا ہے اور فلاحِ آخرت کو اپنا قطعی ذاتی مسئلہ سمجھ کر سنجیدگی اور اخلاص کے ساتھ اس کے لئے کوشاں ہوتا ہے۔ یہ سب کچھ وہ ملت اور سماج سے آنکھیں موند کر نہیں بلکہ اپنی فلاح و نجات کے لئے 'سارے جہاں کا درد ہمارے جگر میں ہے' کو ناگزیر بنا کر اس پر عمل پیرا ہوتا ہے۔ یہی اضطراب اور بے تابی کی کیفیت ڈاکٹر اقبالؒ کے ان اشعار میں نظر آتی ہے جن میں وہ پہلے ایک فرد واحد کو اپنا مقام آدمیت یاد دلاتے ہیں اور اس کے وجود کو جھنجھوڑ کر اُسے اِس چیز پر اُبھارتے ہیں کہ وہ اس کائنات میں ایک خاموش تماشائی بن کر نہ بیٹھے اور یوں ہی اپنی عمر کو حوادث

کائنات کا شاہد بنا کر ضائع نہ کرے بلکہ وہ اپنی سعی و عمل سے ایک ایسا ہنگامہ خیز طوفان برپا کرے جس میں حالات کے دھاروں کو چیلنج کرنے کی صلاحیت ہو۔ جو کفر و معصیت کے تھپیڑوں کو اپنے بس میں کر سکے اور اس دنیا میں ایک صالح نظام کی بنیاد ڈال سکے

تیرے دریا میں طوفان کیوں نہیں ہے
خودی تیری مسلمان کیوں نہیں ہے
عبث ہے شکوہ تقدیر یزداں
تو خود تقدیر یزداں کیوں نہیں ہے

ایسے ہی فردِ واحد کو ڈاکٹر اقبالؒ ایک قطرے سے اسرارِ حیات سیکھنے کی تلقین کرتے ہوئے یہ یاد دلاتے ہیں کہ جس طرح ایک قطرہ دوسرے قطرے سے مل کر سیل رواں بن جاتا ہے اور اپنے وجود میں سمٹی ہوئی مختلف صفات کو استعمال کر کے مختلف مواقع پر کبھی ایک نایاب گوہر تو کبھی نفع بخش شبنم اور کبھی ندامت میں بہنے والے آنسوؤں کا روپ دھار لیتا ہے، اسی طرح ایک مردِ مومن کو اپنے ہم عصر مسلمانوں کے ساتھ مل کر ایک ناقابل تسخیر کارواں بنانا چاہئے جس کا منتہائے مقصود تعمیر انسانیت ہو اور جو اپنے اس مقصد کو پانے کے لئے ہمہ وقت مصروف عمل ہو۔ ایسا نہ ہو کہ وہ اپنے ارد گرد سے بے نیاز ہو کر بے تعلق اور بیگانہ خو رہے بلکہ وہ اپنا مستقبل اس امت کے مستقبل کے ساتھ وابستہ رکھتے ہوئے بر سر عمل رہے

ملت کے ساتھ رابطہ استوار رکھ
پیوستہ رہ شجر سے امید بہار رکھ

ڈاکٹر اقبال یہی نکتہ سمجھاتے ہوئے فرما رہے ہیں کہ جس طرح ایک موج کا وجود صرف ایک دریا کے اندر ہے اور بغیر ایک دریا کے ایک موج کا تصور کرنا بے وقوفی ہے

اسی طرح ایک فرد کا وجود صرف ایک ملت سے ہے اور ملت سے باہر انفرادی حیثیت سے انسان کی تمام صلاحیتیں فضول اور بے کار ہیں

ڈالی گئی جو فصلِ خزاں میں شجر سے ٹوٹ
ممکن نہیں ہے کہ ہری ہو سحابِ بہار سے
ہے لازوال عہدِ خزاں اس کے واسطے
کچھ واسطہ نہیں ہے اِسے برگ و بار سے

دراصل علامہ اقبال ایک مسلمان کے اندر چھپی ہوئی ان ہی صفات کو اُبھار کر انہیں اسلام کی زندگی بخش اور حیات افروز صداقتوں کو دوبارہ دریافت کر کے امت مسلمہ کے بکھرے ہوئے قافلے کو منظم کرنے کے لئے اکسا رہے ہیں

کون سی وادی میں ہے کون سی منزل میں ہے
عشقِ بلاخیز کا قافلہ سخت جاں!

آج جب کہ انسانیت کراہ رہی ہے، دُنیا بھر کے انسان مسلسل پریشانی، اضطراب، تنگی اور تشویش اور خوف کی حالت میں زندگی گزار رہے ہیں۔ گھر سے لے کر بین الاقوامی تنظیموں تک ہر جگہ بدگمانی، کھچاؤ، کشمکش اور تصادم کا سماں ہے۔ زمانہ اسی قافلہ سخت جاں کے انتظار میں ہے جو اس سارے نظام کو بدل ڈالے اور ایک ایسا معاشرہ وجود میں لائے جس میں انسان تمام قسم کی خباثتوں سے آزاد ہو جائے، انسان پر انسان کی بالادستی ختم ہو جائے، مرد اور عورت دونوں کو صحیح معنوں میں اپنے اپنے حقوق کی ضمانت مل جائے، بدامنی اور لاقانونیت کا خاتمہ ہو جائے، جہاں ہر طرف خوشحالی اور امن و سکون قائم ہو، جس میں امیر اور غریب، حاکم اور محکوم، طاقتور اور کمزور، غرض ہر ایک کے ساتھ انصاف کی تلقین ہو۔ ٹھیک اُسی طرح آج سے چودہ سو سال پہلے دنیا نے دیکھا اور تاریخ

اس بات پر شاید ہے کہ ایسا امن و سکون والا ماحول آج تک پھر کبھی انسان کو میسر نہ ہوا۔ ضرورت اس بات کی ہے کہ ہم پیغامِ اقبال کو سمجھ لیں اور اسے اپنی زندگی میں عملائیں تاکہ پھر ایک بار اس گلشن کہن میں بہار خیمہ زن ہو جائے

شراب کہن پھر پلا ساقیا
وہی جام گردش میں لا ساقیا
مجھے عشق کے پَر لگا کر اُڑا
میری خاک جگنو بنا کر اُڑا
خرد کو غلامی سے آزاد کر
جوانوں کو پیروں کا اُستاد کر
تڑپنے پھڑکنے کی توفیق دے
دل مرتضیٰ سوزِ صدیق دے
جگر سے وہی تیر پھر پار کر
تمنا کو سینوں میں بیدار کر

***

کلامِ اقبال میں منظر نگاری

حافظ عبد الرحیم (گلبرگہ)

اقبال ایک ہمہ گیر فکر و فن کے مالک تھے وہ اپنے فکر و فن کے فلسفیانہ خیالات کو شاعری کے ذریعہ سے اُجاگر کیا ان کے حیات افروز پیغام نے دلوں کو گرمایا روحوں کو تڑپایا احساس کمتری کو مٹایا اور حوصلوں میں اُبھار پیدا کیا خودی اور خود داری کے جذبے کو استحکام بخشا۔

اقبال اپنے کلام میں کئی ایک اصطلاحیں ادبی ترکیبیں اور نئے اسالیب و صور اُردو ادب میں جو تراشے ہیں وہ ہماری زبان میں اختراعات کا حکم رکھتے ہیں ان ہی اسالیب و صور میں ایک یہ ہے کہ فطرت کائنات کی حقیقی عکاسی اور مصوری کی منظر کشی ان کے کلام میں جابجا ملتی ہے۔ اس طرح وہ اپنے کلام میں مناظر فطرت تلاش تحقیق سوز و گداز اور محاسن شعری کے ساتھ ساتھ فلسفیانہ خیالات جذبۂ عشق رسول ﷺ اسلامی تاریخ فلسفہ خودی وغیرہ کو تصویر کشی یا منظر نگاری میں بیان کرنا گویا یہ اقبال ہی کا کمال ہے ایسی منظر کشی لائق صد تحسین و آفرین ہے ایسی خوبیاں جن کی بدولت کسی شاعر کو دنیا کے صف اول کے شعراء میں نمایاں جگہ مل سکتی ہے ان میں اقبال بھی نظر آتے ہیں۔

شاعری میں واقعہ کی منظر کشی پیش لفظ کہلاتا ہے ایسی منظر کشی کے ذریعہ انہوں نے اپنے کلام میں فکر و فن کی صلاحیتوں سے جو نکات وضع کر کے اُردو زبان پر بھی اتنا گہرا اثر

ڈالا ہر وہ میر اور غالب کے بعد عہدہ حاضر کے دوسرے شعراء کے حصے میں کم آئی ہیں البتہ شعراء عجم میں رومی، سعدی فردوسی، حافظ وغیرہ میں یہ فن نمایاں ملتا ہے۔

اقبال اپنے کلام میں فن مصوری اور منظر کشی کی حقیقی عکاسی کو غزلوں اور نظموں میں کیا ہے۔ ان کی قوت متخیلہ بہت بڑھی ہوئی تھی اس لئے انہوں نے اس فن میں بہترین نمونے پیش کیے ہیں۔ کلام اقبال کی مصوری اور منظر کشی کو اسکے خاص فلسفیانہ رنگ میں مبر اُردو کے علاوہ فارسی تصانیف پیام مشرق اسرار و رموز جاوید نامہ سے مختصراً استعفادہ کیا جائے گا۔

شاعری انسان کے نازک احساسات اور جذبات کے اظہار کا نام ہے یہ احساسات اور جذبات کا تعلق حُسن و فطرت کی نیرنگیاں اپنی تمام تر سامانیوں کے ساتھ جلوہ گر نظر آتی ہیں جیسے ان نظموں میں ہمالہ، ابر کہسار تصویر ورد قرطبہ ذوق شوق، جگنو، گل رنگین ایک آرزو وغیرہ ہیں۔

اے ہمالہ اے فیصل کشور ہندوستان
چومتا ہے جھک کر تیری پیشانی کو آسماں
مطلع اول فلک جس کا ہو وہ دیوان ہے تو
سوئے خلوت گاہ دل دامن کش انساں ہو تو
برف نے باندھی ہے دستارِ فضیلت تیرے سَر
خندہ زن ہے جو کلاہِ مہر عالم تاب پر
آتی ہے ندی فراز کسوہ سے گاتی ہوئی
کوثر و تسنیم کی موجوں کو شرماتی ہوئی

ہمالیہ کو نگران کار د داروغہ، کہنا اور اسکے سر پر یعنی چوٹی پر جمی ہوئی برف کو دستار

فضیلت سے تشبیہ دینا منظر کشی کا بہترین نمونہ ہے صحن گلستان کی کتنی خوبصورت اور حسین تصویر کشی کی ہے۔

جگنو کی روشنی ہے کاشانۂ چمن میں
یا شمع جل رہی ہے پھولوں کی انجمن میں
صف باندھے دونوں جانب بوٹے ہرے بھرے ہوں
ندی کا صاف پانی تصویر لے رہا ہو
پانی کو چھو رہی ہے جھک کے گل کی ٹہنی
جیسے حسین کوئی آئندہ دیکھتا ہو

مصور نے اپنے احساسات کو نقش و رنگ سے ظاہر کرتا ہے اور شاعرانہ الفاظ و مرکبات سے جیسے ذوق وشوق کی اس نظم میں منظر کشی کا لطف دیکھئے

قلب و نظر کی زندگی دشتِ میں صبح کا سماں
چشمۂ آفتاب سے نور کی ندیاں رواں
حسن ازل کی ہے نمود چاک ہے پردہ وجود
دل کے لئے ہزار سود اک نگاہ کا زیاں
سُرخ و کبود بدلیاں چھوڑ گیا سحاب شب
کوہِ ازم کو دے گیا رنگ برنگ طے لساں
آگ بجھی ہوتی ادھر ٹوٹی ہوئی عناب اُدھر
کیا خبر اس مقام سے گذرے ہیں کتنے کارواں

جنگل بیاباں میں صبح کا منظر اور آفتاب کے کرنوں کی پو پھٹنے کی تشبیہ ندیاں سے دی گئی ہے اور اس مقام پر آگ بجھنے کے بعد کا منظر ڈیرے کی رسی ٹوٹی پڑی ہے ایسا معلوم

ہوتا ہے کہ اس مقام سے کئی کارواں گذرنے کے بعد اسکی بڑی ہی حسین اور دلکش منظر کشی کی گئی ہے۔

اقبال کے نزدیک منظر کشی محض ذہنی تسکین یا خط کا سامان نہیں بلکہ دیکھنے والے کی نگاہ ان میں بہت کچھ دیکھتی ہے جیسے مسجد قرطبہ میں دیکھیں

تیری بنا پائیدار تیرے ستوں بے شمار
شام کو صحرا میں ہو جیسے ہجوم نخیل
آب روانِ کبیر تیرے کن رے کوئی
دیکھ رہا ہے کسی اور زمانے کا خواب

اس طرح نظم مسجد قرطبہ کی جو حقیقی عکاسی کی گئی ہے اگر کوئی شخص مسجد کو دیکھے بغیر اس نظم کو منظر کشی کرتے ہوئے پڑھے مسجد قرطبہ بہت ہی حسین و خوبصورت نظر آئے گی گویا وہ مسجد کے سامنے کھڑا دیکھ رہا ہے جیسے

تیرا جلال و جمال مرد خدا کی دلیل
وہ بھی جلیل و جمیل تو بھی جلیل و جمیل
تیرے در و بام پر وادیِ ایمن کا نور
تیرا منار بلند جلوہ گہ جبرئیل
اس کی زمین بے حدود اس کا افق بے ثغور
اس کے سمندر کی موج دجلہ و دینوب و نیل

ادب اور آرٹ میں فنِ طریق تخیل اور ظاہری شکل کا خیام ملحوظ رہتا ہے یہ فن واقعہ نگاروں اور تاریخی مضامین کے لئے موزوں ہے جیسے اسرار و رموز اور پیام مشرق کے شعری مجموعہ میں اقبال نے حکایتوں کی جو منظر کشی کی ہے وہ عجیب و غریب اور بڑا ہی

دل سوز منظر ہے جیسے

خوش نیامہ شاہ را تعمیر او
خشمگیں گردید از تقصید او
آتشِ سوزندہ از چشمش چکید
دست آں بیچارہ از خنجر برید
جوئے خوں از ساعدِ معمار افت
پیش قاضی ناتواں دزار افت

شہزادہ مُراد نے معمار سے مسجد تعمیر کروائی مگر اس کو مسجد پسند نہیں آئی تو اس نے معمار کے ہاتھ کاٹ دیئے معمار نے قاضی عدالت میں قصاص کا دعویٰ کیا قاضی نے شہزادہ کو عدالت میں حاضر ہونے کا حکم دیا۔

قاضیِ عادل بدنداں خستہ لب
کرد شدرا در حضور خود طلب
رنگ شم از ہیبت قرآں پرید
پیش قاضی چوں خطا کاراں رسید

شہزادہ مراد کھیڑ میں کھڑا ہے اسکی نظریں شرم سے زمین میں پیوست ہیں اور وہ قرآں کے ہیبت ست اس کا رنگ اُڑ گیا مجرموں کی محرے عدالت میں حاضر ہو کر تھر تھر کانپ رہا ہے۔

اقبال نے ایسی منظر کشی میں فنی اور ادبی لحاظ سے تشنگی کا کوئی پہلو بھی نہیں چھوڑا۔ کمال فن یہ ہے کہ منظر کا ذکر کریں تو اسکی ہو بہو تصویر کھینچ کر دکھلا دیں جیسے اس شعر میں

نہ بہ بادۂ میل داری نہ بمن نظر کشائی

عجب ایں کہ تو نہ آئی راہ ورسم آشنائی

اتفاق سے ایک شاعر بھولا بھٹکا جنت میں پہنچ گیا لیکن وہ اپنے خیالات میں ایسا محو تھا کہ جنت کی دلکشی کی طرف اس نے کوئی توجہ نہ کی حور اس سے کہتی ہے کہ تو عجیب و غریب مخلوق ہے کہ نہ تجھے شراب کا شوق ہے نہ میری طرف نظر اُٹھا کر دیکھتا ہے۔

مصوری کا کمال یہ ہے کہ جس چیز کو بیان کریں اس کی تصویر آنکھوں میں کھینچ جائے جیسے ابلیس کی مجلس شوریٰ میں جس حُسن خوبی سے منظر کشی کی گئی ہے کہ ابلیس کرسی پہ بیٹھا ہوا اپنے مشیروں سے محوِ گفتگو ہے اور انکو اپنے مشوروں سے نواز رہا ہے اگر اس کو تصور انداز سے ہی پڑھیں تو وہ منظر آنکھوں کے سامنے ہی نظر آئے گا۔ یہ ہے منظر کشی ایک مثال

اقبال فطری طور پر ایک شاعر ہیں ان کے دل میں جذبات واحساسات کا سمندر موجزن ہے اس لئے ان کے کلام میں قدرتی طور پر جو شبیان کی صفت بدرجہ اتم ہے جو ہر جگہ نظر آتی ہے ان کا اسلوب منظر کشی بڑا دلکش ہوتا ہے جاوید نامہ تصویر کشی اور منظر نگاری کی عمدہ مثال ہے اس میں انہوں نے کائنات کی مکمل شاعرانہ مصوری کا رنگ دیکر دنیا کے سامنے پیش کیا ہے۔

جاوید نامہ میں فلسفیانہ تخیلات کی حقیقی عکاسی کی ہے اگر اس کی گہرائیوں میں جائے بغیر صرف مناظر فطرت کو ہی پڑھیں تو دلچسپی سے خالی نہیں اس میں انہیں شخصیتوں کے تذکرے ملتے ہیں۔ جنھوں نے اپنی علمی اور فنی صفات کے ممتاز نمائندہ ہو کر عالمی شہرت رکھتے ہوں۔ علاوہ ان کے حلیہ اور اخلاق واوصاف کی بہترین عکاسی کی گئی ہے اسکے ساتھ اس میں ہونے والے ہولناک واقعات کی منظر کشی جیسے خوف کے دریا سمندروں میں

طغیانی تیز و تند ہوا میں بڑے بڑے خوفناک پہاڑوں سے دھوئیں اور شعلہ نکلنا اندھیرے غاروں کی ویرانیاں گھاٹیاں ٹیلے سمندر میں موجوں کا اُٹھنا زہریلے سانپوں کا جھپٹنا، دو چہرے سیاہ و سفید ایک آنکھ کھلی دوسری بند اس طرح کئی ایک مناظر کی منظر کشی اس حسن نزاکت سے کی گئی ہے جس سے پڑھنے والے پر ہیبت طاری ہوتی ہے۔ جاوید نامہ سے ان تمام کی ایک ایک جھلک پیش ہے۔

شخصیات کی منظر کشی:

طلعش رخشندہ مثلِ آفتاب

شب او خر خند چوں عہد شباب

پیکرِ روشن زنورِ سرمدی

در سراپا بیش سُرور سرمدی

رومی کا چہرہ آفتاب کی طرح چمک رہا تھا بوڑھاپے میں بھی نوجوانی کی تر و تازگی تھی ان کا پیکر نور سرمدی سے منور تھا اور شخصیت سے سرور سرمدی ٹیک رہا تھا۔

زروان فرشتہ:

زاں سحاب افرشتہ آمد فروز

بادہ طلعت ایں چو آتش حود

آن چو شب تاریک وایں روشن شجاب

چشم ایں بیدار و چشم آں بخواب

ایک فرشتہ ابر سے وہاں اترا سکے دو چہرے ایک روشن دوسرا کالا ایک آنکھ بند دوسری کھلی۔

عارف ہندی شیو:

زیر نخلے عارف ہندی نژاد

رمیدہ ہار ز سرمہ اش روشن سواد

موئے سر سربستہ و عریاں بدن

گرد اومارے سفیدے حلقہ زن

ایک شخص وہاں درخت کے نیچے بیٹھا تھا اسکے سر پر بال کا جوڑا اور ننگا بدن تھا اس کے گرد ایک سفید سانپ حلقہ زن تھا۔

نازنین (عقل کل):

نازنینے در طلسم آں شبے

آن شبے بے کوکبے راکوکبے

شبستان دوز نقش تا کمر

تاب گر از طلعتش کوہ کمر

اسی طلسمی رات میں ایک حسین و جمیل نازنین نمودار ہوئی اس کے بال سنبل کی طرح کمر تک لانبے تھے اس کا چہرہ نہایت دلکش تھا۔

جمال الدین افغانی اور سید حلیم بادشاہ:

سید السادات مولانا جمال

زندہ از گفت راو سنگ و سفال

ترک سالار آں حلیم درد مندی

فکر او مثلِ مقام اُو بلند

شاہ ہمدان غالب اس طرح طاہرہ شاہ ہمدان غالب نطشے ٹیپو سلطان شرف النساء نادر شاہ ایرانی وغیرہ کی شخصیت اور انکے حلیہ کی منظر کشی کی گئی ہے یہاں تک کہ ابلیس کی

شخصیت کا خاکہ بھی بڑے ہی دلکش انداز میں کھینچا ہے۔

ابلیس:

ناگہاں دیدم جہاں تاریک شد

اش مکاں تا لامکاں تاریک شد

اندراں شب شعلۂ آمد پرید

از دور نش پیر مردے بر جہید

میں نے دیکھا کہ پورا جہاں اندھیرے میں ڈوبا ہوا تھا اس گہرے اندھیرے میں ایک شعلہ نمودار ہوا اس میں سے ایک بوڑھا دیکھائی دیا اس کے جسم پر ایک نیلی قبا تھی دھواں اس کے ارد گرد بل کھا رہا تھا۔

محمود شبستری:

پیر مردے ریش او مانند برف

سالہا در علم و حکمت کردہ صرف

دیر سال و قامتش بالا چو سرو

طلعتش تابندہ چوں ترکان مرو

ایک بوڑھا اس کی ڈاڑھی برف کے مانند سفید تھی اس نے برسوں علم و حکمت حاصل کرنے کے لئے اپنی عمر صرف کر دی وطویل عمر اور سرو کے مثل تھا (لامبا) اس کا چہرہ روشن تھا جیسے ترکان مرد وہ علمائے مغرب سے واقف تھا فارسی زبان میں گفتگو کر رہا تھا اس کی گفتگو زبان و بیان کی روانی پانی کی طرح تھی اس کا بیان سن کر محو حیرت ہو گئے۔

فنی اور ادبی لحاظ سے اقبال کی قادر کلامی پر روشنی پڑتی ہے انھوں ں ے تشنگی کا کوئی پہلو بھی نہیں چھوڑا ادب اور آرٹ میں فنِ طریق تخیل میں ہولناک مناظر کو ظاہری

مشکل میں منظر کشی کرنا گویا اقبال کا کمال ہے ایسے تخیلات کی مثال شاید کسی دوسرے شعراء میں مشکل سے ملے چند مثالیں ملاحظہ کریں۔

آں سکوت آں کوسہار ہولناک

اندروں پر سوز و بروں چاک چاک

صد جبل از خافطین ویلدرم

بر دہانش دور تار اندر مثم

وہ خاموش اور ہولناک پہاڑوں کے سلسلہ نظر آئے جو بلکل خشک ویران تھے ان میں خافطین ویلدرم کے منہ سے دھوئیں اور شعلے نکل رہے تھے۔ آگے جو مضامین بیان کئے گئے ہیں وہ عموماً نشاط انگیز اور ولولہ خیز ہیں جیسے

من چو کوران دستِ بر دوش رفیق

پانہادم اندراں غارِ عمیق

وادیِ ہر سنگِ اوزنار بند

دیوساراز نخلہائے سربلند

میں نے رومی کا ہاتھ تھام کر غار کے اندر چلا غار میں گہری تاریکی تھی وادی کے اندر بڑے بڑے پتھروں پر دھاریاں تھیں اور سربند درخت اندھیرے میں دیوؤں کی طرح کھڑے تھے یہ جگہ دیوسار معلوم ہوتی تھیں۔

در میانِ کوہسار ہفت مرگ

وادیِ بے طائرو بے شاخ و برگ

رودِ سیماب اندراں وادی رواں

خم بخم مانند جوئے کہکشاں

پیش او پست و بلند راہ ہیچ

تند سیر و موج موج و پیچ پیچ

جنگل بیاباں کی تیرہ و تار وادی جہاں موت ہی موت ہے نہ پرند نہ برگ و ثمر ایسی وادی جہاں دھواں ہی دھواں تھا سورج کا نام و نشاں بھی نہیں ایسی وادی میں ایک پارے کا دریا جو بل پر بل کھاتا ہو تیز رو بہہ رہا تھا اس میں ہر موج بلند اٹھتی تھی دیکھا ایک انسان کمر تک پھنسا نالہ فریاد کر رہا تھا۔

دوسری جگہ تیز و تند ہواؤں دریاؤں میں طغیانی کا منظر بڑا ہی عجیب منظر پیش کرتے ہیں۔

بحر بر ما سینۂ خود را کشود

یا ہوا بود و جود آئے و نمود

قصہ او یک وادیِ بے رنگ و بو

وادیِ تاریکی او تو بتو

پہاڑوں کے عقب میں ایک دریا ہے اس میں تیز ہوائیں کالی اور گھنی گھٹائیں چل رہی تھیں اندھیرے میں بجلی جیسی چمک رہی تھی ان سخت ہواؤں کی وجہ سے موجیں اونچی اونچی اٹھ رہی تھیں پیر روحی سورۂ طہٰ پڑھتے ہوئے دریا میں داخل ہوئے اندر روشنی نظر آئی اس دریا میں بہت بڑے بڑے پہاڑ نظر آئے جو بے برگ و عریاں تھے یہاں دو شخص

حیراں اور سر گرداں بیٹھے ہوئے تھے؛ ادب میں آرٹ کا کمال فن یہ ہے کہ مضمون کی حقیقی تصویر پیش کی جائے ان اشعار جسمیں منظر کش اس حسنِ خوبی و خوش اسلوبی اور بڑے لطف و کیف کے ساتھ کی گئی ہے جس کا مزہ پڑھنے سے ہی ملتا ہے۔

انچہ دیدم می نگنجد در میاں
تن ز سہمش بے خبر گر دوز جاں
من چہ دیدم قلزمے دیدم زخوں
قلزمے طوفاں بروں طوفاں دروں
در ہو اماراں چو در قلزم نہنگ
کفچہ شب گوں بال و پر سیماب رنگ

میں نے یہاں کی جو منظر دیکھا اس کو بیان نہیں کر سکتا اس لئے ڈر ہے کہ میری جان نکل جائے دیکھا کہ ایک خون کا دریا نہایت دہشت خیز جس میں طوفان ہی طوفان تھا اور ہولناک موجیں آپس میں بر سر پیکار تھیں اور ہواؤں میں سانپ جنکے پھن کالے اور جسم پر بال تھے لہرا رہے تھے ان موجوں میں ایک کشتی آفت میں مبتلا تھی اس کشتی میں دو شخص جن کی حالت یہ تھی کہ چہرہ زرد جسم عریاں اور بال پریشاں تھے پر لوگ کچھ فریاد کر رہے تھے کہ قلزم خونین میں ایک ہولناک طوفان برپا ہوا قیامت کا سماں قائم ہو گیا اسی طوفان ان غداروں کی کشتی غرق ہو گئی۔

اقبال اپنے کلام میں جذبات کی آمیزش بلکہ رمزیت میں اومانیت کے اجزاء شامل کر دئے ہیں اس طرح کلاسکیت میں رومانیت کے عناصر کا امتزاج کیا ہے۔

کلام اقبال کی جو اصطلاحیں ہیں۔ ان کا انداز بیاں جذب کے تحت ہوتا ہے یہ فن اقبال کے رگ و پئے میں موجزن تھا۔ اسی جذب و مستی کو انھوں نے قلندری کے لفظ سے ظاہر کیا ہے اسی جذب و مستی کی حالت میں جو مضامین بیان کئے جاتے ہیں وہ عموماً نشاط انگیز اور ولولہ خیز ہوتے ہیں، اقبال کی پوری شاعری اسی پر اترتی ہے۔

اقبال نے ان مضامین میں مناظر حسن و فطرت کی منظر کشی کو اپنی ذہنی اختراعات قلبی رجحانات اور تصورات کو کسب نور سے روشناس کراتے ہوئے اُردو اور فارسی شاعری کی ایک نئی توانائی اور ایک ہر عظمت لب ولہجہ دیا اُردو ادب و قوم انکے احسان مند ہیں۔"

* * *